AF344034

GÉNÉRALITÉ D'ALENÇON.

TARIF DES DROITS

DÉPENDANS

DE LA RÉGIE GÉNÉRALE,

DUS DANS LA DIRECTION

D'ALENÇON.

DROITS SUR LES BOISSONS, A L'ENTRÉE ET AU BRASSAGE,
par Muid de 144 Pots.

VILLE D'ALENÇON.

NATURE DES DROITS, ET RÉGLEMENS QUI LES AUTORISENT.	EAU-DE-VIE, & Liqueur.	VIN de Liqueur.	VIN ordinaire.	CIDRE.	POIRÉ.	BYERE.
	tt. ß. q.	tt. ß. q.	tt. ß. q.	tt. ß. q.	tt. ß. q.	tt. ß. q.
Ordonnance de 1680, titre 4, article 1er, Anciens & Nouveaux Cinq Sols.........	». ». ».	».14.».	».14.».	». ». ».	». ». ».	». ». ».
Idem, titre 24, art. 1er, titre 26, art. 4, titre 27, art. 6, Subvention...............	5. 8. ».	1. 7.».	1. 7.».	».15. 6.	». 6. 9.	».13. 6.
Déclarations du Roi, des 10 Octobre & 31 Déc. 1689, Jauge & Courtage......	2. 5. ».	».15.».	».15.».	». 9. ».	». 9. ».	». 9. ».
Edit d'Octobre & Arrêt du Conseil du 29 Déc. 1705, Inspecteurs................	1. 10. ».	».10.».	».10.».	». 5. ».	». 2. 6.	». 5. ».
Arrêts du Conseil, des 1er Juin 1658, 5 Mars 1665, & Let. Pat. du 18 Janv. 1666, Droits de Tarif......................	14. 8. ».	2. 8.».	2. 8.».	». 9. ».	». 9. ».	». ». ».
Lettres Pat. du 2 Août 1777, Octr. Munic.	». ». ».	».16.2¼	».16.2¼	». 5. 8½	». 4. 3½	». ». ».
TOTAL............	24.11. ».	6.10.2¼	6.10.2¼	2. 2. 2¼	1.10. 6½	». 7. 6.
Edit d'Août 1781, Dix Sols pour livre..	11.15. 6.	3. 5.1½	3. 5.1½	1. 1. 1½	».15. 3½	».13. 9.
Déclaration du Roi, du 3 Janvier 1759, Droits Réservés....................	14. 8. ».	6. ».».	1.10.».	».10. ».	». 5. ».	».10. ».
Edit d'Août 1781, Dix Sols pr tt, modérés à Six Sols, par Décision du 29 dudit mois	4. 6. 4½	1.16.».	». 9.».	». 4. ».	». 1. 6.	». 3. ».
TOTAL GÉNÉRAL....	54. ».10½	17.11.3½	11.14.3½	3.16. 5½	2.12. 5¾	2.14. 5.

A

NATURE DES DROITS, ET RÉGLEMENS QUI LES AUTORISENT.	EAU-DE-VIE & Liqueur.	VIN de Liqueur.	VIN ordinaire.	CIDRE.	POIRÉ.	BIÈRE.
	tt ß ç	tt ß ç	tt ß ç	tt ß ç	tt ß ç	tt ß ç
Ordonnance de 1680, titre 4, article 1ᵉʳ, Anciens & Nouveaux Cinq Sols......	». ». ».	».14. ».	».14. ».	». ». ».	». ». ».	». ». ».
Idem, titre 24, art. 1ᵉʳ, titre 26, art. 3, titre 27, art. 6, Subvention......	5. 8. ».	1. 7. ».	1. 7. ».	».13. 6.	». 6. 9.	».13. 6.
Déclarations du Roi, des 10 Oct. & 31 Déc. 1689, Jauge & Courtage......	2. 5. ».	».15. ».	».15. ».	». 9. ».	». 9. ».	». 9. ».
Edit d'Octobre & Arrêt du Conseil du 29 Décembre 1705, Inspecteurs......	1.10. ».	».10. ».	».10. ».	». 5. ».	». 2. 6.	». 5. ».
Lettres Patentes du 2 Août 1777, Octrois Municipaux......	». ». ».	2. ». ».	2. ». ».	». 7. ».	». 4. ».	». ». ».
TOTAL......	9. 3. ».	5. 6. ».	5. 6. ».	1.14. 6.	1. 2. 3.	1. 7. 6.
Edit d'Août 1781, Dix Sols pour livre...	4.11. 6.	2.13. ».	2.13. ».	».17. 3.	».11. 1½.	».13. 9.
Déclaration du Roi, du 3 Janvier 1759, Droits Réservés......	14. 8. ».	6. ». ».	1.10. ».	».10. ».	». 5. ».	».10. ».
Edit d'Août 1781, 10 ß pᵣ tt, modérés à 6 ß pᵣ tt, par Décision du 29 dudit mois.	4. 6. 4⅞.	1.16. ».	». 9. ».	». 3. ».	». 1. 6.	». 3. ».
TOTAL GÉNÉRAL....	32. 8.10⅞.	15.15. ».	9.18. ».	3. 4. 9.	1.19.10½.	2.14. 3.

BOURG DU MELLERAUT.

NATURE DES DROITS, ET RÉGLEMENS QUI LES AUTORISENT.	EAU-DE-VIE & Liqueur.	VIN de Liqueur.	VIN ordinaire.	CIDRE & BIÈRE.	POIRÉ.
	tt ß ç	tt ß ç	tt ß ç	tt ß ç	tt ß ç
Ordonnance de 1680, titre 4, article 1ᵉʳ, Anciens & Nouveaux Cinq Sols......	». ». ».	».14.».	».14. ».	». ». ».	». ». ».
Idem, titre 24, art. 1ᵉʳ, titre 26, art. 3, titre 27, art. 6, Subvention......	5. 8. ».	1. 7.».	1. 7. ».	».13. 6.	». 6. 9.
Déclarations du Roi, des 10 Oct. & 31 Décemb. 1689, Jauge & Courtage......	2. 5. ».	».15.».	».15. ».	». 9. ».	». 9. ».
Edit d'Octobre & Arrêt du Conseil, du 29 Décembre 1705, Inspecteurs......	1.10. ».	».10.».	».10. ».	». 5. ».	». 2. 6.
Lettres Patentes du 2 Août 1777, Octrois Municip.	1. ». ».	». 6.8.	». 6. 8.	». 3. 4.	». 1. 8.
TOTAL......	10. 3. ».	3.12.8.	3.12. 8.	1.10.10.	».19.11.
Edit d'Août 1781, Dix Sols pour livre......	5. 1. 6.	1.16.4.	1.16. 4.	».15. 5.	». 9.11½.
Déclaration du Roi, du 3 Janv. 1759, Droits Réservés.	14. 8. ».	6. ».».	1. ». ».	».10. ».	». 5. ».
Edit d'Août 1781, 10 ß pᵣ tt, modérés à 6 f. par Décision du 29 dudit mois......	4. 6. 4⅞.	1.16.».	». 6. ».	». 3. ».	». 1. 6.
TOTAL GÉNÉRAL...	33. 18.10⅞.	13. 5.».	6.15. ».	2.19. 3.	1.16. 4½.

BOURG D'ÉCHAUFOUR.

NATURE DES DROITS, ET RÉGLEMENS QUI LES AUTORISENT.	Eau-de-vie, & Liqueur.	Vin de liqueur & ordinaire.	Cidre & Bière.	Poiré.
	₶ ß ¶	₶ ß ¶	₶ ß ¶	₶ ß ¶
Ordonnance de 1680, titre 4, art. 1er, Anciens & Nouveaux Cinq Sols	». ». ».	».14. ».	». ». ».	». ». ».
Idem, titre 24, art. 1er, titre 26, art. 5, titre 27, art. 6, Subvention	5. 8. ».	1. 7. ».	».13. 6.	». 6. 9.
Déclarations des 10 Oct. & 31 Déc. 1689, Jauge Courtage	2. 5. ».	».15. ».	». 9. ».	». 9. ».
Edit d'Octobre & Arrêt du Conseil, du 29 Décembre 1705, Inspecteurs	1.10. ».	».10. ».	». 5. ».	». 2. 6.
Lettres Patentes du 2 Août 1777, Octrois Municipaux	1. ». ».	». 6. 8.	». 4. 4.	». 1. 8.
TOTAL	10. 5. ».	5.12. 8.	1.10.10.	».19.11.
Edit d'Août 1781, Dix Sols pour livre	5. 1. 6.	1.16. 4.	».15. 5.	». 9.11¼.
TOTAL GÉNÉRAL	15. 4. 6.	5. 9. ».	2. 6. 3.	1. 9.10½.

BOURGS DE MORTRÉE ET DE NONANT.

NATURE DES DROITS, ET RÉGLEMENS QUI LES AUTORISENT.	Eau-de-vie & Liqueur.	Vin de liqueur & ordinaire.	Cidre & Bière.	Poiré.
	₶ ß ¶	₶ ß ¶	₶ ß ¶	₶ ß ¶
Ordonnance de 1680, titre 4, article 1er, Anciens & Nouveaux Cinq Sols	». ». ».	».14. ».	». ». ».	». ». ».
Idem, titre 24, art. 1er, titre 26, art. 3, titre 27, art. 6, Subvention	5. 8. ».	1. 7. ».	».13. 6.	». 6. 9.
Déclarations du Roi, des 10 Oct. & 31 Déc. 1689, Jauge & & Courtage	2. 5. ».	».15. ».	». 9. ».	». 9. ».
Edit d'Octobre & Arrêt du Conseil, du 29 Décembre 1705, Inspecteurs	1.10. ».	».15. ».	». 5. ».	». 1. 6.
TOTAL	9. 3. ».	3. 6. ».	1. 7. 6.	».13. 3.
Edit d'Août 1781, Dix Sols pour livre	4.11. 6.	1.13. ».	».13. 9.	». 9. 1½.
TOTAL GÉNÉRAL	13.14. 6.	4.19. ».	2. 1. 3.	1. 7. 4½.

VILLE DE MAMERS.

NATURE DES DROITS, ET RÉGLEMENS QUI LES AUTORISENT.	EAU-DE-VIE & Liqueur.	VIN de Liqueur.	VIN ordinaire.	CIDRE.	POIRÉ.	BIERRE.
	₶ ß ₰	₶ ß ₰	₶ ß ₰	₶ ß ₰	₶ ß ₰	₶ ß ₰
Edit d'Octobre & Arrêt du Conseil du 29 Décembre 1705, Inspecteurs………	1. 10. »	». 10. »	». 10. »	». 5. »	». 2. 6.	». 5. »
Lettres Patentes du 2 Août 1777, Octrois Municipaux………………	». ». »	1. 4. »	1. 4. »	». 12. »	». 12. »	». ». »
TOTAL……………	1. 10. »	1. 14. »	1. 14. »	». 17. »	». 14. 6.	». 5. »
Edit d'Août 1781, Dix Sols pour livre.	». 15. »	». 17. »	». 17. »	». 8. 6.	». 7. 3.	». 2. 6.
Déclaration du Roi, du 5 Janv. 1759, Droits Réservés……………	14. 8. »	6. ». »	1. 5. »	». 10. »	». 5. »	». 10. »
Edit d'Août 1781, 10 ß p' ₶, modérés à 6 ß par Décision du 29 dudit mois………	4. 6. 4¾	1. 16. »	». 7. 6.	». 3. »	». 1. 6.	». 5. »
TOTAL GÉNÉRAL…	10. 19. 4¾	10. 7. »	4. 3. 6.	1. 18. 6.	1. 8. 3.	1. ». 6.

OBSERVATION GÉNÉRALE.

Les Nobles font exempts, pour leur confommation feulement, fur les Boiffons provenant de leur crû, & les Eccléfiaftiques fur celles du crû de leurs Bénéfices ; les premiers, de la Subvention ; les feconds, de la Subvention, des Nouveaux Cinq Sols, de la Jauge-Courtage & des Droits Réfervés, en fe conformant aux formalités prefcrites par les Réglemens.

DROIT DE 6 ₶ 15 ß SUR L'EAU-DE-VIE DE VIN,
par Muid de 144 Pots.

	₶ ß ₰
Ordonnance de 1680, titre 26, article premier………………………	6. 15. »
Edit d'Août 1781, Dix Sols pour livre………………	3. 7. 6.
TOTAL……………	10. 2. 6.

N°. Le Droit de 6 ₶ 15 ß eft dû fur l'Eau-de-vie de Vin, à l'Entrée des lieux fujets, & à l'Arrivée dans les lieux non fujets, lorfqu'il n'eft pas juftifié qu'il a été acquitté en route ou aux premiers Bureaux de paffage, Edit de Décembre 1686, & Lettres Patentes du 28 Juin 1722.

L'Eau-de-vie rectifiée & l'Efprit-de-Vin font affujettis, par la Déclaration du Roi, du 9 Décembre 1687, à payer, favoir, l'Eau-de-vie rectifiée, le double, l'Efprit - de - Vin, le triple des Droits de 6 ₶ 15 ß & de Subvention; & ces Liqueurs paient les autres Droits comme l'Eau-de-vie fimple.

DROIT DE CONTRÔLE SUR LA BIERE,
par Muid de 144 Pots.

	₶ ß ₰
Ordonnance de 1680, titre 27, article premier………………………	1. 10. »
Edit d'Août 1781, Dix Sols pour livre………………	». 15. »
TOTAL……………	2. 5. »

Nota. Le Droit de Contrôle fur la Biere, eft dû dans les Brafferies, en tous les lieux où elle fe façonne ; Ordonnance citée ci-deffus.

NATURE DES DROITS, ET RÉGLEMENS QUI LES AUTORISENT.	VIN.		
	tt	ß	q
Ordonnance de 1680, titre 4, article 16, Anciens & Nouveaux Cinq Sols	».	14.	».
Edit d'Août 1781, Dix Sols pour livre..	».	7.	».
TOTAL............	1.	1.	».

Note. Il se perçoit aussi à la sortie du Royaume, des Droits de Jauge & Courtage sur le Vin & l'Eau-de-vie, avec les Dix Sols pour livre; mais ils ont été réunis à la Ferme générale.

DROITS DE GROS.

Par l'Arrêt du Conseil, du 13 Mars 1753, les Vins destinés pour être consommés dans la Province de Normandie, étant exempts des Droits de Gros au passage, ces Droits sont dûs, lorsqu'ils s'enlevent de Normandie, pour aller à l'Étranger, ou dans une autre Province; ils consistent dans le vingtieme du prix de la vente, l'augmentation de 16 ß 3 q, le Droit de Courtage de 10 ß par Muid, & les Dix Sols pour livre de l'Edit d'Août 1781.

EXEMPLE, pour du Vin vendu 150 liv. le Muid de 144 Pots.

	tt	ß	q		tt	ß	q		tt	ß	q
Gros ou Vingtieme.........................	7.	10.	».								
Augmentation..............................	».	16.	3.		8.	16.	3. »				
Courtage..................................	».	10.	».						13.	4.	4. ½
Edit d'Août 1781, Dix Sols pour livre......					4.	8.	1. ½				

DROITS DUS À LA VENTE ET REVENTE DES BOISSONS,
SOUS LA DÉNOMINATION DE COURTIERS-JAUGEURS,
dans les Paroisses de la Direction dépendantes des Généralités ci-après : savoir ;

GÉNÉRALITÉ D'ALENÇON.

BOISSONS.	RÉGLEMENS qui autorisent la perception DES DROITS.	1er ENLÈVEMENT. Quotité des Droits.	1er ENLÈVEMENT. TOTAL.	2e ENLÈVEMENT. Quotité des Droits.	2e ENLÈVEMENT. TOTAL.
		tt ß ğ	tt ß ğ	tt ß ğ	tt ß ğ
Eau-de-vie, par Baril de 28 à 29 Veltes...	Tarif de 1696, Courtiers Jaugeurs.	».18. ».	} 1. 7. ».	».10. ».	} ».15. ».
	Edit d'Août 1781, Dix Sols pᵉ liv.	». 9. ».		». 5. ».	
Liqueur, par Muid de 144 Pots...	Tarif de 1696, Courtiers-Jaugeurs.	1.18. ».	} 2.17. ».	1.10. ».	} 2. 5. ».
	Edit d'Août 1781, Dix Sols pᵉ liv.	».19. ».		».15. ».	
Vin, par Muid de 144 Pots ou demi-queue...	Tarif de 1696, Courtiers-Jaugeurs.	». 9. ».	} ».13. 6.	». 5. ».	} ». 7. 6.
	Edit d'Août 1781, Dix Sols pᵉ liv.	». 4. 6.		». 2. 6.	
Cidre, Poiré & Bierre, par Md de 144 Pots	Tarif de 1696, Courtiers-Jaugeurs.	». 4. 6.	} ». 6. 9.	». 2. 6.	} ». 3. 9.
	Edit d'Août 1781, Dix Sols pᵉ liv.	». 2. 3.		». 1. 3.	

GÉNÉRALITÉ DE TOURS.

BOISSONS.	RÉGLEMENS qui autorisent la perception DES DROITS.	1er ENLÈVEMENT. Quotité des Droits.	1er ENLÈVEMENT. TOTAL.	2e ENLÈVEMENT. Quotité des Droits.	2e ENLÈVEMENT. TOTAL.
		tt ß ğ	tt ß ğ	tt ß ğ	tt ß ğ
Eau-de-vie, par Baril de 28 à 30 Veltes...	Tarif de 1696, Courtiers-Jaugeurs.	1. 4. ».	} 1..14 6.	».11. 6.	} ».17. 3.
	Edit d'Août 1781, Dix Sols pᵉ liv.	».11. 6.		». 5. 9.	
Liqueur, par Muid de 144 Pots...	Tarif de 1696, Courtiers-Jaugeurs.	1.18. ».	} 2.17. ».	1.10. ».	} 2. 5. ».
	Edit d'Août 1781, Dix Sols pᵉ liv.	».19. ».		».15. ».	
Vin, par Muid de 144 Pots ou demi-queue...	Tarif de 1696, Courtiers-Jaugeurs.	». 9. ».	} ».13. 6.	». 5. ».	} ». 7. 6.
	Edit d'Août 1781, Dix Sols pᵉ liv.	». 4. 6.		». 2. 6.	
Cidre, Poiré & Bierre, par Md de 144 Pots	Tarif de 1696, Courtiers-Jaugeurs.	». 4. 6.	} ». 6. 9.	». 2. 6.	} ». 3. 9.
	Edit d'Août 1781, Dix Sols pᵉ liv.	». 2. 3.		». 1. 3.	

DROITS DUS A LA VENTE EN DÉTAIL DES BOISSONS, par Muid de 144 Pots, dans toute l'étendue de la Direction, à l'exception des Villes d'Alençon & de Séez, & des parties de la Banlieue d'Alençon, de la Ville & Banlieue de Mamers, qui sont sises dans le Ressort de la Cour des Aides de Paris.

NATURE DES DROITS, ET RÉGLEMENS QUI LES AUTORISENT.	Eau-de-vie, à 3 livres le Pot. (₶. ß. ₰)	Vin, à 1 sol la Pinte. (₶. ß. ₰)	Cidre, à 2 deniers la Pinte. (₶. ß. ₰)	Poiré, à 6 deniers la Pinte. (₶. ß. ₰)	Biere, à 12 sols le Pot. (₶. ß. ₰)
Le Quatrieme sur l'Eau-de-vie est le tiers du prix de la Vente, Edit de Décembre 1686	144. ». »	». ». »	». ». »	». ». »	». ». »
Le 4.me sur les Vins, Cidre & Poiré, est réduit au 5.me, Ordonn. de 1680, titre 14, article premier & deuxieme	». ». »	3.18. »	1.18. »	1.18. »	». ». »
Le Quatrieme sur la Biere est le quart du Prix de la Vente, Parisis, sol & six deniers, Ordonnance de 1680, titre 17, article 6.	». ». »	». ». »	». ». »	». ». »	19. 1. 3.
Edit d'Août 1781, Dix Sols pour livre, modérés à Huit Sols, par Décision du 29 dudit mois	57.12. »	1.11. 2½	».15. 2½	».15. 2¼	11.12.6.
TOTAL	201.12. »	5. 9. 2½	2.13. 2½	2.13. 2¼	40.13.9.
Subvention à la Consommation, Ordonnance de 1680, titre 26, art. 3, pour l'Eau-de-vie, titre 23, art. 1.er & 2, pour les Vins, Cidre & Poiré, & titre 17, art. 6, pour la Biere.	5. 8. »	1. 7. »	».13. 6.	». 6. 9.	».13.6.
Déclaration du Roi, du 10 Octobre 1689, Jauge & Courtage	2. 5. »	».15. »	». 9. »	». 9. »	». 9. »
TOTAL	7.13. »	2. 2. »	1. 2. 6.	».15. 9.	1. 2.6.
Edit d'Août 1781, Dix Sols pour livre	3.16. 6.	1. 1. »	».11. 3.	». 7.10½.	».11. 3.
Total de la Subvention, Jauge & Courtage, & Dix Sols pour livre	11. 9. 6.	3. 3. »	1.13. 9.	1. 3. 7½.	1.13.9.
Rapport du 4.me & Huit Sols pour livre	201.12. »	5. 9. 2½	2.13. 2½	2.13. 2¼	40.13.9.
TOTAL GÉNÉRAL	213. 1. 6.	8.12. 2½	4. 6.11½	3.16. 9¾	42. 7.6.

N.B. Lorsque le Vin est vendu plus d'un sol la Pinte, les Droits de Quatrieme sont augmentés, à raison de 5 ₶ 18 ß pour chaque sol; & lorsque les Cidre & Poiré sont aussi vendus plus de 6 ₰ la Pinte, les Droits sont augmentés à raison de 6 ß par chaque denier, Réglemens ci-dessus cités.

Il est encore à observer que les Droits de Jauge & Courtage au Détail, ne se perçoivent dans aucun des lieux où ils sont payés à l'Entrée.

DROITS DUS A LA VENTE EN DÉTAIL DES BOISSONS, DANS LA VILLE D'ALENÇON, par Muid de 144 Pots.

NATURE DES DROITS, ET RÉGLEMENS QUI LES AUTORISENT.	Eau-de-vie, à 5 livres le Pot.	Vin, à 1 sol la Pinte.	Cidre, à 6 deniers la Pinte.	Poiré, à 6 deniers la Pinte.	Bierre, à 12 sols le Pot.
	tt ß q	tt ß q	tt ß q	tt ß q	tt ß q
Lettres Patentes du 2 Août 1777, Octrois Municipaux..........	». ». ».	7. 8. 2½	1. 5. 2¾	1. 5. 2¾	». ». ».
Première moitié d'Octroi, Ordonnance de 1681, titre 3, article 1er..........	». ». ».	7.10. ».	».19. 6.	».19. 6.	». ». ».
Subvention à la Consommation, dont les autorités sont relatées au Tableau précédent..........	5. 8. ».	1. 7. ».	».13. 6.	». 6. 9.	».13. 6.
TOTAL..........	5. 8. ».	16. 5. 2½	2.18. 2¾	2.11. 5½	».13. 6.
Édit d'Août 1781, Dix Sols pour livre....	2.14. ».	8. 2. 7½	1. 9. 1¾	1. 5. 8 2/10	». 6. 9.
Rapport des Droits de Quatrieme & Huit Sols pour livre, détaillés au Tableau précédent..........	201.12. ».	5. 9. 2½	2.13. 2½	2.13. 2½	40.13. 9.
TOTAL GÉNÉRAL..........	209.14. ».	29.17. ».	7. 6. ».	6.10. 4½	41.14. ».

DROITS DUS A LA VENTE EN DÉTAIL DES BOISSONS, DANS LA VILLE DE SÉEZ, par Muid de 144 Pots.

NATURE DES DROITS, ET RÉGLEMENS QUI LES AUTORISENT.	Eau-de-vie, à 5 livres le Pot.	Vin, à 1 sol la Pinte.	Cidre, à 6 deniers la Pinte.	Poiré, à 6 deniers la Pinte.	Bierre, à 12 sols le Pot.
	tt ß q	tt ß q	tt ß q	tt ß q	tt ß q
Première moitié d'Octroi, Ordonnance de 1681, titre 3, article 1er..........	». ». ».	3.12. ».	1. 4. ».	1. 4. ».	». ». ».
Subvention à la Consommation, dont les autorités sont mentionnées au premier Tableau des Droits de Détail..........	5. 8. ».	1. 7. ».	».13. 6.	». 6. 9.	».13. 6.
TOTAL..........	5. 8. ».	4.19. ».	1.17. 6.	1.10. 9.	».13. 6.
Édit d'Août 1781, Dix Sols pour livre....	2.14. ».	2. 9. 6.	».18. 9.	».15. 4½	». 6. 9.
Rapport des Droits de Quatrieme & Huit Sols pour livre, détaillés au premier Tableau des Droits de Détail, ci-devant....	201.12. ».	5. 9. 2½	2.13. 2½	2.13. 2½	40.13. 9.
TOTAL GÉNÉRAL....	209.14. ».	12.17. 8½	5. 9. 5½	4.19. 3 7/10	41.14. ».

DROITS DE HUITIEME, *dûs sur les Boissons vendues en Détail, dans la partie de la Banlieue d'Alençon, & de la Ville & Banlieue de Mamers, sises dans le Ressort de la Cour des Aides de Paris, par Muid de 144 Pots.*

NATURE des Droits, & Réglemens qui les autorisent.	VIN de liqueur, à pot, ou à assiette.	BOISSONS à POT.			BOISSONS à ASSIETTE.			BOISSONS à POT. ou à assiette.	
		VIN ordinaire.	CIDRE.	POIRÉ.	VIN ordinaire.	CIDRE.	POIRÉ.	BIERE.	EAU-DE-VIE.
	l. s. d.	l. s. d.	l. s. d.	l. s. d.	l. s. d.	l. s. d.	l. s. d.	l. s. d.	l. s. d.
Huitieme Réglé, & Subvention, Ordon. de Paris de 1680, titre premier, art. prem. pour le Vin ordinaire, Cidre & Poiré, Tarif du 4 Mai 1688, pour le Vin de liqueur, art. 8 du titre 4 de l'Ordonnance ci-dessus citée, pour la Biere, Arrêt du Conseil, du 28 Octobre 1685, & Tarif du 4 Mai 1686, pour l'Eau-de-vie	20. 3.9.	6.15. »	3. 7. 6.	1.13. 9.	8. 2. »	4. 1. »	2. ». 6.	3.10. »	24. ». ».
Décl. du Roi, du 10 Oct. 1689, Jauge-Courtage ...	».15.»	».15.»	». 9. ».	». 9. ».	».15. ».	». 9. ».	». 9. ».	». 9. ».	2. 5. ».
TOTAL..	20.18.9.	7.10.»	3.16. 6.	2. 1. 9.	8.17. »	4.10. »	2. 9. 6.	3.19. »	26. 5. »
Édit d'Août 1781, Dix Sols p' liv.	10. 9.4½	3.15.»	1.18. 3.	1. 1. 4½	4. 8. 6.	2. 5. »	1. 4. 9.	1.19. 6.	13. 2. 6.
TOTAL Gén¹.	31. 8.1½.	11. 5.»	5.14. 9.	3. 4. 1½	13. 5. 6.	6.15. »	3.14. 3.	5.18. 6.	39. 7. 6.

Les Droits de Détail, expliqués dans les Tableaux précédens, sont également dûs sur les Boissons arrivant & transportées en Bouteilles, ou autres vaisseaux, au dessous de soixante-douze Pintes, mesure de Paris, Lettres Patentes du 25 Mai 1728, aux exceptions y portées, & qui tombent sur le Vin de Liqueur venant en Caisses, les Vins de Champagne gris, arrivant en paniers de cent Bouteilles, en destination pour la Province; les Vins en paniers de 50 Bouteilles, en destination pour l'Etranger, & les Vins en Bouteilles, pour la provision des Personnes qui vont aux Eaux de Forges, & de celles qualifiées, qui vont passer quelque tems dans leurs Terres; le tout en se conformant aux formalités prescrites par lesdites Lettres Patentes.

Les Eaux-de-vie transportées en Barils au-dessous de soixante Pintes, sont aussi assujetties aux Droits de Détail, Lettres Patentes du 24 Août 1728. Ces Droits sont encore dus par les Bouilleurs & Marchands d'Eau-de-vie en gros, sur les manquans à leur charge, déduction faite du 21e pour 20, Lettres Patentes citées ci-dessus; & les Soumissionnaires d'Eau-de-vie sont assujettis au paiement du double desdits Droits de Quatrieme, si c'est en Pays de Quatrieme, & du quadruple des Droits de Huitieme, si c'est en Pays de Huitieme, sur les Eaux-de-vie pour lesquelles ils ne rapportent pas, dans les trois mois, Certificat d'arrivée; Lettres Patentes des 7 Juin 1717, & 2 Mars 1728.

DROIT ANNUEL.

		tt	ß	q		tt	ß	q
Dans les Villes.....	Ordonnance de 1680, titre 29, art. 1ᵉʳ........ 8. ». ».				}	12. ». ».
	Edit d'Août 1781, Dix Sols pour livre..... 4. ». ».					
Dans les autres Lieux.	Ordonnance de 1680, titre 29, art. 1ᵉʳ........ 6. 10. ».				}	9. 15. ».
	Edit d'Août 1781, Dix Sols pour livre..... 3. 5. ».					

Ce Droit est dû par tous les Marchands en gros, Bouilleurs, Brasseurs, Cabaretiers, Taverniers & autres vendans en detail.

Les Détailleurs de Biere ne doivent que la moitié de l'Annuel, Ordonnance de 1680, titre 29, article 7.

DROITS SUR LES BESTIAUX, A L'ENTRÉE ET AU MASSACRE.

VILLE D'ALENÇON.

NATURE DES DROITS, ET Réglemens qui les autorisent.	Bœuf			Vache.			Veau & Genisse.			Mouton, Brebis & Chevre.			Porc.			Livre de Viande
	tt	ß	q	tt	ß	q	tt	ß	q	tt	ß	q	tt	ß	q	tt ß q
Edit de Février 1704, Inspecteurs......	2.	».	».	2.	».	».	».	12.	».	».	4.	».	».	».	».	». ». 2.
Ordon. de 1681, tit. 3, art. 1ᵉʳ, Première moitié d'Octroi............	».	1.	».	».	».	6.	».	».	».	».	».	2.	».	».	4.	à propott.
Let. Pat. du 2 Août 1777, Octrois Municip..	».	1.	».	».	».	6.	».	».	».	».	».	1.	».	».	4.	Idem.
TOTAL.............	2.	2.	».	2.	1.	».	».	12.	».	».	4.	4.	».	».	8.	à propott.
Edit d'Août 1781, Dix Sols pour livre...	».	1.	».	1.	».	6.	».	6.	».	».	2.	2.	».	».	4.	Idem.
Déclaration du Roi, du 3 Janvier 1759, Droits Réservés.	1.	».	».	2.	».	».	».	13.	4.	».	5.	».	».	13.	4.	Idem.
Edit d'Août 1781, Dix Sols p' liv. modérés à Six Sols, par Décision du 29 dudit mois.	».	12.	».	».	12.	».	».	4.	».	».	1.	6.	».	4.	».	Idem.
TOTAL GÉNÉRAL......	5.	15.	».	5.	13.	6.	1.	15.	4.	».	13.	».	».	18.	4.	

Il est dû, en outre desdits Droits, les Droits de Tarifs ci-après détaillés ; Savoir :

PAR LES BOUCHERS, avant le Massacre & l'Exposition en Vente des Bestiaux.

NATURE DES DROITS, & Réglemens qui les autorisent.	Bœuf			Vache, Genisse, ou Taureau.			Veau.			Mouton, Brebis, Agneau.			Porc, ou Truie.			Bouc, ou Chevre.			Chevreau.		
	tt	ß	q	tt	ß	q	tt	ß	q	tt	ß	q	tt	ß	q	tt	ß	q	tt	ß	q
Droits de Tarif, Arrêt du Conseil du 1ᵉʳ Juin 1658, Lettres Patentes sur icelui............	4.	10.	».	2.	10.	».	».	7.	».	».	6.	».	».	15.	».	1.	».	».	».	1.	».
Edit d'Août 1781, Dix Sols p' liv.	2.	5.	».	1.	5.	».	».	3.	6.	».	3.	».	».	7.	6.	».	10.	».	».	».	6.
TOTAL.........	6.	15.	».	3.	15.	».	».	10.	6.	».	9.	».	1.	2.	6.	1.	10.	».	».	1.	6.

PAR LES BOURGEOIS ET HABITANS de la Ville & Fauxbourgs d'Alençon, qui y font entrer des Bestiaux, soit pour les nourrir, soit pour les faire massacrer.

NATURE DES DROITS & Réglemens qui les autorisent.	Bœuf gras ou maigre.	Taureau, Vache, Génisse.	Veau, mâle ou femelle.	Porcelet, mâle ou femelle; Mouton, Brebis & son Agneau, du pr. Mars au pr. Juin.	Agneau, depuis le pr. Juin jusqu'au pr. Mars.	Porc, ou Truie, gras ou maigre	Chevre, ou Bouc.	Veau de lait.
Droit de Tarif, Arrêt du Conseil, du 1er Juin 1658, & Lettres Patentes sur icelui......	». 15. ».	». 8. ».	». 4. ».	». 2. ».	». 2. ».	». 6. ».	». 10. ».	». 1. ».
Édit d'Août 1781, Dix Sols pour livre......	». 7. 6.	». 4. ».	». 2. ».	». 1. ».	». 1. ».	». 3. ».	». 5. ».	». ». 6.
TOTAL..........	1. 2. 6.	». 12. ».	». 6. ».	». 3. ».	». 3. ».	». 9. ».	». 15. ».	». 1. 6.

VILLE DE SÉEZ.

NATURE DES DROITS, ET RÉGLEMENS QUI LES AUTORISENT.	Bœuf & Vache.	Veau, ou Génisse.	Mouton, Brebis & Chevre.	Porc.	Livre de Viande.
Édit de Février 1704, Inspecteurs..................	2. ». ».	». 12. ».	». 4. ».	». ». ».	». ». 2.
Ordon. de 1681, tit. 3, art. 1er, 1ère moitié d'Octroi.	». 15. ».	». 2. 6.	». 1. ».	». 4. ».	à proport.
TOTAL............	2. 15. ».	». 14. 6.	». 5. ».	». 4. 2.	». ». ».
Édit d'Août 1781, Dix Sols pour livre...........	1. 7. 6.	». 7. 3.	». 2. 6.	». 1. ».	». ». ».
Decl. du Roi, du 3 Janv. 1759, Droits Réservés.....	2. ». ».	». 13. 4.	». 5. ».	». 13. 4.	à proport.
Édit d'Août 1781, Dix Sols pour livre, modérés à Six Sols, par Décision du 19 dudit mois.....	». 12. ».	». 4. ».	». 1. 6.	». 4. ».	Idem.
TOTAL GÉNÉRAL........	6. 14. 6.	1. 19. 1.	». 14. ».	1. 3. 4.	

VILLE DE MAMERS.

NATURE DES DROITS, ET RÉGLEMENS QUI LES AUTORISENT.	Bœuf & Vache.	Veau & Génisse.	Mouton, Brebis & Chevre.	Porc.	Livre de Viande.
Édit de Février 1704, Inspecteurs..............	2. ». ».	». 12. ».	». 4. ».	». ». ».	». ». 2.
Édit d'Août 1781, Dix Sols pour livre..........	1. ». ».	». 6. ».	». 2. ».	». ». ».	». ». 1.
TOTAL............	3. ». ».	». 18. ».	». 6. ».	». ». ».	». ». 3.
Déclaration du Roi, du 3 Janvier 1759, Droits Réservés....	1. 10. ».	». 10. ».	». 5. 6.	». 16. ».	à proport.
Édit d'Août 1781, Dix Sols pour livre, modérés à Six sols, par Décision du 19 dudit mois.......	». 9. ».	». 3. ».	». 1. 1½.	». 3. ».	Idem.
TOTAL GÉNÉRAL........	4. 19. ».	1. 11. ».	». 10. 7½.	». 13. ».	

BOURG DU MELLERAUT.

NATURE DES DROITS, ET RÉGLEMENS QUI LES AUTORISENT.	Bœuf & Vache. ℔	ß	д	Veau & Geniffe. ℔	ß	д	Mouton, Brebis & Chevre. ℔	ß	д	Porc. ℔	ß	д	Livre de Viande. ℔	ß	д
Edit de Février 1704, Inspecteurs.............	2.	».	».	».	12.	».	».	4.	».	».	».	».	».	».	2.
Edit d'Août 1781, Dix Sols pour livre.........	1.	».	».	».	6.	».	».	2.	».	».	».	».	».	».	1.
TOTAL.........	3.	».	».	».	18.	».	».	6.	».	».	».	».	».	».	3.
Déclaration du 3 Janvier 1759, Droits Réservés.	1.	».	».	».	6.	8.	».	3.	».	».	6.	8.	a proport.		
Edit d'Août 1781, Dix Sols pour livre, modérés à Six Sols, par Décision du 29 dudit mois.......	».	6.	».	».	2.	».	».	».	10 4/7.	».	2.	».	Idem.		
TOTAL GÉNÉRAL......	4.	6.	».	1.	6.	8.	».	9.	10 4/7.	».	8.	8.			

DROITS DUS SUR LES BESTIAUX, DANS LES BOURGS DE MORTRÉE, NONANT & ÉCHAUFOUR, *à l'Entrée & au Maſſacre ; dans les Campagnes, par les Bouchers, Maîtres & fils de Maîtres, avant l'Abattis, & par tous les autres Bouchers, à la vente hors domicile.*

NATURE DES DROITS, ET RÉGLEMENS QUI LES AUTORISENT.	Bœuf & Vache. ℔	ß	д	Veau & Geniffe. ℔	ß	д	Mouton, Brebis & Chevre. ℔	ß	д	Livre de Viande. ℔	ß	д
Edit de Février 1704, Inspecteurs..............	2.	».	».	».	12.	».	».	4.	».	».	».	2.
Edit d'Août 1781, Dix Sols pour livre.........	1.	».	».	».	6.	».	».	2.	».	».	».	1.
TOTAL.................	3.	».	».	».	18.	».	».	6.	».	».	».	3.

DÉNOMINATION & quotité DES DENRÉES.	NATURE des DROITS.	RÉGLEMENS qui en autorisent la perception.	Principaux.	Dix Sols pour livre de l'Édit d'Août 1781.	Six Sols pour livre dudit Édit, suivant la décision du 29 dud. mois.	TOTAL des Droits par nature.	TOTAL des Droits par quotité.
			₶ ß d	₶ ß d	₶ ß d	₶ ß d	₶ ß d
Charretée de Bois à brûler, ou cent de Fagots.	Tarif	Arrêts du Conf. de 1658, 1665, & Lettr. Patent. de 1666	». 15. ».	». 7. 6.	». ». ».	1. 2. 6.	1. 6. ».
	Octrois Municipaux	Lettres Pat. du 2 Août 1777	». 7. ».	». 3. 6.	». ». ».	». 10. 6.	
	Droits Réservés	Décl. du Roi, du 3 Janvier 1759	». 10. ».	». ». ».	». 3. ».	». 13. ».	
Charge de Cheval ou Mulet, en Bois à brûler.	Tarif	Mêmes Réglem. que dessus	». 1. 6.	». ». 9.	». ». ».	». 2. 3.	à proport.
	Oct. Municip	Idem	à proport.	....	....	....	
	Droits Réservés	Idem, & Arrêt du Conseil du 13 Septemb. 1776	». 1. ».	». ». ».	». ». 3¼	». 1. 3¼	
Charge d'Asne, de même Bois à brûler.	Tarif	Mêmes Réglem. que dessus	». 1. 6.	». ». 9.	». ». ».	». 2. 3.	Idem.
	Oct. Municip	Idem	à proport.	....	....	....	
	Droits Réserv	Idem	». ». 6.	». ». ».	». ». 1½	». ». 7½	
Charretée de Bois à batir, ou Merrein.	Tarif	Mêmes Réglem. que dessus	1. 10. ».	». 15. ».	». ». ».	2. 5. ».	3. 8. 6.
	Oct. Municip	Idem	». 7. ».	». 3. 6.	». ». ».	». 10. 6.	
	Droits Réserv	Idem	». 10. ».	». ». ».	». 3. ».	». 13. ».	
Charretée de Bois dolé, come Selles, Seaux, Boisseaux, Paniers, &c.	Tarif	Mêmes Réglem. que dessus	1. ». ».	». 10. ».	». ». ».	1. 10. ».	2. 13. 6.
	Oct. Municip	Idem	». 7. ».	». 3. 6.	». ». ».	». 10. 6.	
	Droits Réserv	Idem	». 10. ».	». ». ».	». 3. ».	». 13. ».	
Foin — Charretée	Tarif	Mêmes Réglem. que dessus	1. ». ».	». 10. ».	». ». ».	1. 10. ».	2. 5. ».
	Droits Réserv	Idem	». 10. ».	». ». ».	». 3. ».	». 13. ».	
Foin — Somme de Cheval.	Tarif	Mêmes Réglem. que dessus	à proport.	....	....	....	à proport.
	Droits Réserv	Idem	». 1. ».	....	». ». 3¼	». 1. 3¼	
Foin — Somme d'Asne.	Tarif	Mêmes Réglem. que dessus	à proport.	....	....	....	Idem.
	Droits Réserv	Idem	». ». 6.	....	». ». 1½	». ». 7½	
Charge de Cheval, en Charbon, ou par Pipe.	Tarif	Mêmes Réglem. que dessus	». 3. ».	». 1. 6.	». ». ».	». 4. 6.	». 7. 6.
	Oct. Municip	Idem	». 2. ».	». 1. ».	». ». ».	». 3. ».	

VILLE DE SÉEZ.

DÉNOMINATION & quotité DES DENRÉES.	NATURE des DROITS.	RÉGLEMENS qui en autorisent la perception.	Principaux.	Dix Sols pour livre de l'Édit d'Août 1781.	Six Sols pour livre dudit Édit, suivant la décision du 29 dud. mois.	TOTAL des Droits par nature.	TOTAL des Droits par quotité.
			₶ ß d	₶ ß d	₶ ß d	₶ ß d	₶ ß d
Bois — Charretée, ou cent de Fagots	Octrois Municipaux...	Lettres Pat. du 2 Août 1777....	», 5. 6.	», 2. 9.	», », ».	», 8. 3.	1. 3. 6.
	Prem. moitié d'Octroi...	Ordonnance de 1681, titre 3....	», 1. 6.	», », 9.	», », ».	», 2. 3.	
	Droits Réservés....	Décl. du Roi, du 3 Janv. 1759.	».10. ».	», », ».	», 3. ».	»,13. ».	
Somme de Cheval	Octrois Municipaux...	Mêmes Réglem. que dessus....	à proport.	....	....	....	à proport.
	Prem. moitié d'Octroi...	Idem.........	», », 2.	», », 1.	», », ».	», », 3.	
	Droits Réservés....	Idem, & Arrêt du Conseil du 13 Septemb. 1776.	», 1. ».	», », ».	», », 3¼.	», 1. 4¼.	
Somme d'Âne	Octrois Municipaux...	Mêmes Réglem. que dessus....	à proport.	....	....	....	Idem.
	Prem. moitié d'Octroi...	Idem........	Idem.	....	....	....	
	Droits Réservé....	Idem.........	», », 6.	», », ».	», », 1⅘.	», », 7⅘.	
Foin — Charretée....	Prem. moitié d'Octroi...	Mêmes Réglem. que dessus....	», 1. 6.	», 1. 3.	», », ».	», 3. 9.	»,16. 9.
	Droits Réservé	Idem.........	».10. ».	», », ».	», 3. ».	»,13. ».	
Somme de Cheval	Prem. moitié d'Octroi...	Mêmes Réglem. que dessus....	», », 3.	», », 1⅓.	», », ».	», », 4⅓.	», 1. 8 4/13
	Droits Réservé	Idem.........	», 1. ».	», », ».	», », 3⅓.	», 1. 3⅓.	
Somme d'Âne	Prem. moitié d'Octroi...	Mêmes Réglem. que dessus....	», », 1.	», », »⅓.	», », ».	», », 1⅓.	», », 9 1/10
	Droits Réservé	Idem.........	», », 6.	», », ».	», », 1⅘.	», », 7⅘.	
Charbon	Somme. Prem. moitié d'Octroi...	Mêmes Réglem. que dessus....	», 1. ».	», », 6.	», », ».	», 1. 6.	», 1. 6.
Tan	Somme. Prem. moitié d'Octroi...	Idem..........	», 2. 6.	», 1. 3.	», », ».	», 3. 9.	», 3. 9.

Nota. Les Droits Réservés ne sont de 10 s. par charretée, qu'autant que la Voiture est attelée de trois Chevaux; si elle est attelée d'un moindre nombre de Chevaux, il faut diminuer progressivement 2 sols 6 deniers par chaque Cheval, ensorte qu'une Voiture attelée d'un Cheval, ne doit que 5 sols pour les Droits Réservés, aux termes de la Déclaration du Roi, du 3 Janvier 1759. Si au contraire elle est attelée de plus de trois chevaux, le Droit doit être augmenté de deux sols par chaque Cheval, ou deux Bœufs. Quand à la somme de Cheval, elle paie, pour les Droits Réservés, le cinquieme d'une Voiture à un Cheval, & la somme d'Âne le dixieme.

On observe encore qu'il n'y a de Bois exempts de payer les Droits Réservés, que ceux désignés dans les Lettres Patentes du 4 Août 1778, & qui sont les Bourrées & Fagots sans paremens, de Ronces, Épines, Puines, &c.

DROITS DUS SUR LES TOILES ET ÉTOFFES, qui se fabriquent & entrent dans la Ville d'Alençon & ses Fauxbourgs, ou qui se vendent à la Halle aux Toiles de ladite Ville.

Dénomination des Marchandises.	Leurs Quotités.	Nature des Droits & Réglemens qui les autorisent.	Principaux.	Dix Sols pour livre de l'Édit d'Août 1781.	Total des Droits par nature.	Total des Droits par quotité.
			tt ß §	tt ß §	tt ß §	tt ß §
Toile d'une aune de large......	Pièce de 60 aun.	Tarif, Arrêts du Conseil de 1656 & 1665, & Lettres Patentes de 1666..	1.16. »	».15. »	». 1. 5.	2.12. »
		Octrois Municip. Lettres Patent. du 2 Août 1777.	». 4. 8.	». 2. 4.	». 7. »	
Toile Seizain..	Pièce de 60 aun.	Tarif, mêmes Réglemens	».18. 9.	». 9. 4½.	1. 8. 1½.	1.13. 1½
		Octrois Municipaux, id.	». 5. 4.	». 1. 8.	». 5. »	
Toile de ⅞ & ¾ de large........	Pièce de 60 aun.	Tarif, mêmes Réglemens	».18. 9.	». 9. 4½.	1. 8. 1½.	1.11. 1½
		Octrois Municipaux, id.	». 2. »	». 1. »	». 3. »	
Toiles, Canevas ou Coutils...	Pièce de 50 aun.	Tarif, mêmes Réglemens	». 8. »	». 4. »	».12. »	».14. 3.
		Octrois Municipaux, id.	». 1. 6.	». ». 9.	». 2. 3.	
Serviettes d'une aune de long, & de ½ de large..	Pièce ou Botte..	Tarif, mêmes Réglemens	».15. »	». 7. 6.	1. 2. 6.	1. 7. »
		Octrois Municipaux, id.	». 3. »	». 1. 6.	». 4. 6.	
Serviettes d'une aune de long, & ¼ aune ⅟ de larg.	Pièce ou Botte..	Tarif, mêmes Réglemens	».10. »	». 5. »	».15. »	».19. 6.
		Octrois Municipaux, id.	». 3. »	». 1. 6.	». 4. 6.	
Petites Serv. de ½ de long, & ¼ aune de large...	Pièce ou Botte..	Tarif, mêmes Réglemens	». 5. »	». 2. 6.	». 7. 6.	». 9. 9.
		Octrois Municipaux, id.	». 1. 6.	». ». 9.	». 2. 3.	
Toiles de Brin & Étoupes...	Pièces depuis 50 jusqu'à 80 aunes	Tarif, mêmes Réglemens	».15. »	». 7. 6.	1. 2. 6.	1. 2. 6.
		Octrois Municipaux, id.	». ». »	». ». »	». ». »	
Bougrans......	La douzaine...	Tarif, mêmes Réglemens	».10. »	». 5. »	».15. »	1. 3. 3.
		Octrois Municipaux, id.	». 5. 6.	». 2. 9.	». 8. 3.	
Serge ou Droguet........	Une Pièce de 21 aunes.......	Tarif, mêmes Réglemens	».10. »	». 5. »	».15. »	1. 3. 3.
		Octrois Municipaux, id.	». 5. 6.	». 2. 9.	». 8. 3.	
Étamine de Soie	Id. de 35 aunes.	Tarif, mêmes Réglemens	1.15. »	».17. 6.	2.12. 6.	3. 3. ».
		Octrois Municipaux, id.	». 7. »	». 3. 6.	».10. 6.	
Étamin. de Laine	Idem........	Tarif, mêmes Réglemens	1.15. »	».17. 6.	2.12. 6.	2.18. 6.
		Octrois Municipaux, id.	». 4. »	». 1. »	». 6. »	

DROITS DE PREMIERE MOITIÉ D'OCTROI, dûs à l'Entrée de la Ville de Séez, sur les Toiles, Étoffes, Marchandises, & Poisson de Mer, salé.

MARCHANDISES.	LEUR QUOTITÉ.	NATURE DU DROIT.	REGLEMENT qui en autorisent la Perception.	Principaux.	Dix Sols pour livre de l'Édit d'Août 1781.	Total.
				tt ß §	tt ß §	tt ß §
Toile..........	1 Pièce...	1re Moitié d'Octroi	Ordon. de 1681, titre 3, art. 1er..	». 5. »	». 2. 6.	». 7. 6.
Drap.......	1 Pièce...	Idem	Idem....	». 5. »	». 1. 6.	». 7. 6.
Froc ou Pinchinat.	1 Pièce...	Idem	Idem....	». 2. 6.	». 1. 3.	». 3. 9.
Droguet ou Breluche.	1 Pièce...	Idem	Idem....	». 2. »	». 1. »	». 3. »
Fer........	Quintal...	Idem	Idem....	». 2. 6.	». 1. 3.	». 3. 9.
Harengs ou Morue	Charretée.	Idem	Idem....	1.10. »	».15. »	2. 5. »
	Somme...	Idem	Idem....	». 5. »	». 2. 6.	». 7. 6.
	Barique...	Idem	Idem....	». 6. »	». 3. »	». 9. »

DROITS SUR LES HUILES, À LA FABRICATION.

RÉGLEMENS.	NATURE DES HUILES.	Principaux. (tt. ß. g.)	Dix Sols pour livre. (tt. ß. g.)	TOTAL. (tt. ß. g.)
Déclaration du Roi, du 21 Mars 1716, Édit du mois d'Août 1751, pour le Doublement des Droits & les Dix Sols pour livre.	Par livre pesant d'Huile de Poisson, d'Olives, d'Amandes, de Noix & autres Fruits..........	». 1. ».	». ». 6.	». 1. 6.
	Par livre d'Huile de Térébenthine, Lin, Chenevis, Raberie, Navette & autres Graines..........	». ». 6.	». ». 3.	». ». 9.
	Par livre d'Huile d'Essence, & autres de plus grande valeur que celles sujettes au Droit d'un Sol..........	». 2. ».	». 1. ».	». 3. ».
	Si le Droit principal est de plus de 3 tt, il est dû pour l'acquit..........	». 5. ».	». 2. 6.	». 7. 6.
	S'il n'est que de 3 tt, ou d'une moindre somme, jusqu'à vingt sols inclusivement, le Droit d'Acquit est de..........	». 2. ».	». 1. ».	». 3. ».

Nota. Le Droit d'Acquit n'a pas lieu, lorsque le Droit principal est au dessous de Vingt Sols.

Il se perçoit, indépendamment de ce Droit, dans la Ville d'Alençon, des Droits de Tarif, à raison du poids & de la qualité des Huiles. Voir le Tarif particulier de ces Droits.

DROITS SUR LES CUIRS ET PEAUX,

Établis par Édit du mois d'Août 1759, Arrêts du Conseil des 28 Juin & 13 Novembre 1760, sujets aux Dix Sols pour livre de l'Édit d'Août 1781.

OBJETS SUJETS AUX DROITS.	CUIRS ET PEAUX, à la Fabrication. — Principal. (tt. ß. g.)	Dix Sols pour livre. (tt. ß. g.)	TOTAL. (tt. ß. g.)	CUIRS ET PEAUX, à l'Exportation. — Principal. (tt. ß. g.)	Dix Sols pour livre. (tt. ß. g.)	TOTAL. (tt. ß. g.)	CUIRS & Peaux, à l'Importation.
Cuirs de Bœufs & Vaches, à fort & à œuvre; Peaux de Veaux, Moutons, Agneaux, Chevreaux, Porcs & Sangliers, tannés & apprêtés en toutes sortes d'apprêts, la livre pesant.	». 2. ».	». 1. ».	». 3. ».				10 p.½ de leur valeur.
Chevaux, Mulets, & Ânes, id.	». 1. ».	». ». 6.	». 1. 6.				
Cerfs, Élans & Orignaux, id.	». 6. ».	». 3. ».	». 9. ».				
Boucs & Chèvres, idem.	». 4. ».	». 2. ».	». 6. ».				
Chamois, Daims & Chevreuils, idem.	». 10. ».	». 5. ».	». 15. ».				
Toutes Peaux non dénommées ci-dessus, dix pour cent de leur valeur.	Mémoire						
Cuirs de Bœufs & Vaches, en verd, & en demi-apprêt, passant à l'Étranger, la pièce.				6. ». ».	3. ». ».	9. ». ».	
Peaux de Veaux, idem, la pièce.				1. ». ».	». 10. ».	1. 10. ».	
Peaux de Moutons, idem, la pièce.				». 10. ».	». 5. ».	». 15. ».	

N.b. Les Deux tiers du principal des Droits perçus sur les Cuirs apprêtés, sont rendus, lorsque lesdits Cuirs passent à l'Étranger, en remplissant les formalités prescrites par les Réglemens.

DROITS SUR LA MARQUE D'OR ET D'ARGENT.

RÉGLEMENS.	OBJETS sujets aux Droits.	PRINCIPAL.	DIX SOLS pour livre.	TOTAL.
		tt ß ɡ	tt ß ɡ	tt ß ɡ
Ordonnance de 1681, tit. 2, art. 1ᵉʳ, & Édit de Mai 1725, pour le Principal.	Or, par marc........	33. 12. ».	16. 16. ».	50. 8. ».
Édit d'Août 1781, pour les Dix Sols pour livre.	Argent, par marc.....	2. 16. ».	1. 8. ».	4. 4. ».

DROITS SUR L'AMIDON.

NATURE DES DROITS, ET RÉGLEMENS QUI LES AUTORISENT.	AMIDON, à la fabrication, par Muid.	AMIDON, poudre à poudrer, venant de l'Étranger, par livre pesant.
	tt ß ɡ	tt ß ɡ
Edit de 1771, & Arrêt du Conseil du 10 Décembre 1778........	7. 10. ».	». 4. ».
Edit d'Août 1781, Dix Sols pour livre.....................	3. 15. ».	». 2. ».
TOTAL.........	11. 5. ».	». 6. ».

Il se perçoit en outre, aux Entrées de la Ville d'Alençon, des Droits de Tarif, par livre pesant, sur la poudre & l'Amidon. Voir le Tarif particulier de ces Droits.

DROITS SUR LES CARTES A JOUER.

RÉGLEMENS.	DÉNOMINATION DE CHAQUE ESPECE DE JEU, & Nombres de Cartes dont ils sont composés.	Intérieur & extérieur du Royaume.		
		Principal à un denier par Carte.	Dix Sols pour livre.	TOTAL.
		tt ß ɡ	tt ß ɡ	tt ß ɡ
Déclaration du Roi, du 13 Janvier 1751, pour le principal ; & Édit d'Août 1781, pour les 10 f. pour liv.	Entieres, à 52 Cartes.............	». 4. 4.	». 2. 2.	». 6. 6.
	Comete, à 48 idem............	». 4. ».	». 2. ».	». 6. ».
	Quadrille, à 40 idem............	». 3. 4.	». 1. 8.	». 5. ».
	Piquet, à 32 idem............	». 2. 8.	». 1. 4.	». 4. ».
	à 36 idem............	». 3. ».	». 1. 6.	». 4. 6.
	Try, à 30 idem............	». 2. 6.	». 1. 3.	». 3. 9.
	Brelan, à 28 idem............	». 2. 4.	». 1. 2.	». 3. 6.

Nota. Les Cartes destinées pour l'Étranger, ne paient, par modération & Décision du Conseil, que 6 deniers par Jeu indistinctement, en justifiant de leur sortie du Royaume.

NATURE DES DROITS, & Réglemens qui les autorisent.	ALENÇON.		SÉEZ.
	Par Boisseau de 30 à 33 livres, pesant, de Bled, Seigle, Méteil, Avoine, Pois & Farines.	Par Boisseau, de 30 à 33 livres pesant, de Graines de Foin & de Tieffle.	Par Boisseau, du poids de 25 à 100 livres, de Grains & Grenailles, de toutes especes.
Édit de 1697 & 1768, Droits de Mesurage de Grains............	₶ » ß » ₰ 3.	₶ » ß » ₰ 1.	₶ » ß » ₰ 6.

DROITS SUR LES QUITTANCES TIMBRÉES,
POUR LA RÉGIE ET POUR LES PARTIES ÉTRANGERES.

	₶	ß	₰
Ordon. de 1680, tit. 31, Déclarat. de 1690, Edit de 1748, Déclarat. de 1771, & Lettr. Pat. de 1780, art. 10. par Quittance de cinq sols, & au-dessus............	».	».	10.
Edit d'Août 1781, Dix Sols pour livre..............................	».	».	5.
TOTAL............	».	1.	3.

Nota. Les frais de Timbre pour les Congés & Expéditions qui ne sont point des Quittances de Droits, sont dûs ; Ordonnance de 1681, titre commun, art. 16, Déclaration de 1771, & Lettres Patentes de 1780, article 10.

OBSERVATION GÉNÉRALE.

Les articles de Droits qui, payés séparément, ne forment pas une somme de 6 deniers, ne doivent pas de Sols pour livre.

DÉNOMINATION DES PARTIES ÉTRANGERES A LA RÉGIE,
dont les Dix Sols pour livre sont dus au Roi, sur le principal des Droits.

NOMS DES LIEUX.	DÉNOMINATION DES DROITS.
VILLE D'ALENÇON......	Deuxieme moitié d'Octroi appartenant à ladite Ville.
VILLE DE SÉEZ.........	Deuxieme moitié d'Octroi apartenant à ladite Ville.
VILLE DE MAMERS....	Droit de Pied-fourché appartenant à la Madame la Duchesse de Beauvilliers.

De l'Imprimerie de LAMESLE, Imprimeur des Fermes du Roi, au Bureau général des Aides, Hôtel de Bretonvilliers, Isle Saint Louis. 1781.

GÉNÉRALITÉ D'ALENÇON.

VILLE D'ALENÇON.

PANCARTE

OU TARIF DES DROITS

DÉPENDANS

DE LA RÉGIE GÉNÉRALE,

Qui doivent être payés par les Habitans de la Ville & Fauxbourgs d'Alençon, sur toutes sortes de Marchandises & Denrées entrantes en ladite Ville & Fauxbourgs, conformément à l'Arrêt du Conseil, du 1er Juin 1658, & Lettres Patentes sur icelui, & aux Arrêts du Conseil, des 1er Juillet 1662, 13 Mai 1665, Arrêt du Conseil & Lettres Patentes du 18 Janvier 1666, Arrêt de la Cour des Aides de Rouen, du 11 Décembre 1684, Arrêt du Conseil & Lettres Patentes des 14 Janvier & 27 Mai 1738, sur les Toiles, Arrêt du Conseil, du 5 Septembre 1775, sur les Bestiaux, rendus en interprétation, avec les Dix Sols pour livre de l'Edit d'Août 1781.

GÉNÉRALITÉ D'ALENÇON.

VILLE D'ALENÇON.

PANCARTE

OU TARIF DES DROITS

DÉPENDANS

DE LA RÉGIE GÉNÉRALE,

DÉNOMINATION DES MARCHANDISES ET DENRÉES sujettes aux Droits.	Principal.	Dix Sols pour Livre de l'Edit d'Août 1781.	TOTAL.
	tt ß ß	tt ß ß	tt ß ß
DRAPS.			
Pour chacune piéce de Drap qui se fabriquera dans ladite Ville & Fauxbourgs d'Alençon, de quinze aunes de longueur, au dessus & au dessous à proportion, la somme de trente-sept sols six deniers............	1.17. 6.	».18. 9.	2.16. 3.
Pour chacune piéce de Serge de Seigneur, & Bouracan de ladite Fabrique, de dix aunes de longueur, au dessus & au dessous à proportion, trente-sept sols six deniers............	1.17. 6.	».18. 9.	2.16. 3.
Pour chacune piéce de Serge drapée, de ladite Fabrique, de trente-cinq aunes de longueur, au dessus & au dessous à proportion, trente-sept sols six deniers............	1.17. 6.	».18. 9.	2.16. 3.
Pour chacune piéce de Serge de deux étains, Ras & Étamines, de trente-cinq aunes de longueur, au dessus & au dessous à proportion, trente-cinq sols............	1.15. ».	».17. 6.	2.12. 6.
Pour chacune piéce de Droguet & Serge sur fil, de la même Fabrique, de vingt-une aunes de longueur, au dessus & au dessous à proportion, dix sols............	».10. ».	». 5. ».	».15. ».
Lesquellesdites Etoffes ci-dessus seront marquées de la marque des Commis & Préposés, & le Droit d'icelles payé auparavant que de les pouvoir envoyer au foulon, leur donner aucun apprêt,			

A 2

DÉNOMINATION DES MARCHANDISES ET DENRÉES sujettes aux Droits.	Principal.	Dix Sols pour livre de l'Edit d'Août 1781.	TOTAL.
	tt ß g	tt ß g	tt ß g
ui les expofer en vente , à peine de confifcation , parce qu'après l'apprêt & lors de la vente & livraifon, la moitié defdits Droits leur fera rendue, comme aux termes de l'article des Toiles ci-après.	*Mémoire*.	.....	.....
Pour chacune piece de Ratine & Serge de Londres, Coton d'Angleterre, Serge de Beauvais, Saint Lo , de toutes couleurs, depuis feize aunes jufqu'à vingt aunes de longueur, au deffus & au deffous à proportion, quarante fols.	2. ». ».	1. ». ».	3. ». ».
Pour chacune piece de Froc de Rouen, jufqu'à dix-huit aunes , & à proportion, vingt-deux fols fix deniers.	1. 2. 6.	».11. 3.	1.13. 9.
Pour chaque piece de Froc de Lifieux, Bernay , Frifes, croi-fées, de toutes couleurs, jufqu'à vingt aunes & à proportion, douze fols.	».12. ».	». 6. ».	».18. ».
Pour chacune piece de Serge de Caen, Anmalle, Amiens, Chartres, jufqu'à quarante aunes, au deffus & au deffous à pro-portion, quarante fols.	2. ». ».	1. ». ».	3. ». ».
Pour chacune piece de petits Camelots, Bouracan, Droguet ou Tiretaine, venant de dehors, jufqu'à vingt-une aunes & à proportion, douze fols fix deniers.	».12. 6.	». 6. 3.	».18. 9.
Pour chaque piece de Ras & Etamines apportés de dehors, de vingt aunes & à proportion, dix fols.	».10. ».	». 5. ».	».15. ».
Pour chacune piece de Drap de Hollande, Angleterre ou Efpagne fin, de vingt aunes, & au deffous à proportion, huit liv.	8. ». ».	4. ». ».	12. ». ».
Pour chacune piece de Drap du Sceau de Berry, de Carcaf-fonne, d'Angleterre, moyen de Sarte & Serge de Limeftre, de toutes couleurs, jufqu'à vingt aunes & à proportion, trois livres dix fols.	3.10. ».	1.15. ».	5. 5. ».
Pour chacune piece de Ratine de Hollande, Finette, Écarlatte de vingt aunes & au-deffous, fix livres dix fols.	6.10. ».	3. 5. ».	9.15. ».
Pour chacune piece de Camelot de Hollande, Bouracan à gros grain de Flandres, Moire mêlée de foie & poil, jufqu'à vingt aunes & à proportion, quarante fols.	2. ». ».	1. ». ».	3. ». ».
Pour chacune piece de Camelot de Lifle, Burail double ou fimple, Ferrandine & autres Etoffes mêlées de foie & poil, de même prix, jufqu'à vingt aunes & à proportion, vingt fols.	1. ». ».	».10. ».	1.10. ».
Pour chacun cent pefant, au deffus & au deffous à proportion, de toutes fortes de Manufactures de foies, en Velours, Pannes, Satins, Damas, Taffetas, Tabis, Rubans, Gros de Naples, Bas de foies, Cordons, Franges, Gallons, Gances & Treffes de toutes couleurs, trente-fept livres dix fols.	37.10. ».	18.15. ».	56. 5. ».
Pour chacune livre de foie cuite, crue ou teinte en botte, de quelque couleur que ce foit & à proportion, fept fols.	». 7. ».	». 3. 6.	».10. 6.
Pour chacune livre de Dentelle de foie de toutes fortes de cou-leurs, vingt fols.	1. ». ».	».10. ».	1.10. ».
Pour chacune livre de toutes fortes de Dentelles, Etoffes & autres Ouvrages d'or ou d'argent fin, mêlé de foie ou non, vingt-fept fols fix deniers.	1. 7. 6.	».13. 9.	2. 1. 3.
Et parce que le Droit defdites Etoffes comprifes & mention-nées aux huit derniers articles ci-deffus, aura été payé en entrant, les Marchands qui en trafiquent ès Foires de Guibray & Caen, fe-ront tenus , auparavant que de les emballer, d'appeller les Com-mis ou Prépofés, pour marquer les Draperies & pefer les Etoffes de foie, & en cas de rapport, être lefdites Marchandifes exemptes de nouveau Droit.	*Mémoire*.	.....	.....

DENOMINATION DES MARCHANDISES ET DENRÉES sujettes aux Droits	Principal.	Dix Sols pour livre de l'Edit d'Août 1781.	TOTAL
	₶ ß ₰	₶ ß ₰	₶ ß ₰
Pour chacun cent pesant, au dessus & au dessous à proportion, de toutes sortes de Tapisseries, soit Droguets, Mocadets ou autres, de quelque lieu ou fabriques qu'elles puissent être, qui entreront dans ladite Ville & Fauxbourgs, pour y être vendues & consommées, deux livres dix sols.	2. 10. ».	1. 5. ».	3. 15. ».
Pour chaque douzaine de Chapeaux fabriqués en ladite Ville & Fauxbourgs, fins, communs, grands ou petits, le fort portant le foible, & chacun à proportion de ladite douzaine, lesquels ne pourront être mis en teinture, ou exposés en vente, qu'auparavant ils n'ayent été marqués, & le Droit payé & acquitté, trente sols.	1. 10. ».	». 15. ».	2. 5. ».
LAINES.			
Pour chacun cent pesant & à proportion de Laine de plot ou avallis, pour les Bonnetiers, quarante sols.	2. ». ».	1. ». ».	3. ». ».
Pour chacun cent pesant, au dessus & au dessous à proportion, de toutes Laines fines, moyennes & grosses de Ségovie, Vigogne, Castille, Arragon, Angleterre, Languedoc, d'Espagne, poil d'Autruche, de Lapin, & autres de cette qualité, dont le Droit sera payé en entrant, trois livres quinze sols.	3. 15. ».	1. 17. 6.	5. 12. 6.
MERCERIE.			
Pour chacun cent pesant, & à proportion, de toutes sortes de menues Merceries, comme Bonnets de Satin & Camelot, Baudriers de Maroquin, Buffles ou autres peaux simples, sans aucunes garnitures, Calottes, Bas d'estames, de laine & fil, Rouleau de fil, de laine, Cartes & Dez à jouer, Aiguillettes, Epingles, Ecritoires, Cordons de laines, Capiton ou Fleuret, faux Or ou Argent, Sonnettes, Deaux, Boutons de toutes sortes, excepté Or & Argent fin, & Soie, Bourses de cuir & laine, Cordes de boyau, Corne de lanterne, Aiguillettes de fil, Lacets ou Fleuret, Fil d'Epinoy, de Lin ou Chanvre blanc & teint de toutes couleurs, de Lyon, Paris ou ailleurs, Sangles, Jettons, Gros grains de Patenôtres, Peignes de toutes sortes de bois & corne, Plumes à écrire & autres menues Merceries de Paris, Rouen, Lyon, l'Aigle, Limoges, autres que celles employées ci-devant, cinquante sols.	2. 10. ».	1. 5. ».	3. 15. ».
Pour chacune livre de Laine fayette à coudre ou faire frange & passement, un sol six deniers.	». 1. 6.	». ». 9.	». 2. 3.
Pour chacun cent pesant, au dessus & au dessous à proportion, de toutes Mantes de lit, grandes, moyennes & petites, trois livres quinze sols.	3. 15. ».	1. 17. 6.	5. 12. 6.
De toutes lesquelles choses ledit Droit sera payé en entrant & la qualité & quantité déclarées.	Mémoire. .	. . . . . .	. . . . . .

TOILES,

Conformément aux Lettres Patentes du 14 Janvier 1738, & Arrêt du Conseil du 27 Mai suivant, qui ont réduit les Aunages à 60 aunes, & les Droits comme ci-après.

Pour chacune Toile de brin de chanvre d'une aune entiere de

DÉNOMINATION DES MARCHANDISES ET DENRÉES sujettes aux Droits.	Principal.	Dix Sols pour livre de l'Edit d'Août 1781.	TOTAL.
	tt ß ₰	tt ß ₰	tt ß ₰
largeur, & au dessus, de soixante aunes de longueur, une livre dix sols....................	1.10. ».	».15. ».	2. 5. ».
Pour chacune piece de Toile de même qualité & au dessous, d'une aune de largeur, contenant pareillement soixante aunes de long, dix-huit sols neuf deniers....................	».18. 9.	». 9. 4 ½.	1. 8. 1 ½
Pour chaque piece de Toile appellé Canevas, composée de fil d'étoupe & de chanvre, ou de gros chanvre, huit sols......	». 8. ».	». 4. ».	».12. ».
Pour chacune grande piece ou botte de Serviettes de lin ou brin, d'une aune de longueur, & de deux tiers de laise ou environ, quinze sols....................	».15. ».	». 7. 6.	1. 2. 6.
Pour chaque botte ou paquet de Serviettes moyennes, de demi-aune un donzieme de laise, dix sols....................	».10. ».	». 5. ».	».15. ».
Pour chacune botte de petites Serviettes de demi-aune de laise & de deux tiers de longueur, cinq sols....................	». 5. ».	». 2. 6.	». 7. 6.
Toutes lesquellesdites Toiles ne pourront être vendues ni exposées en vente, qu'en la Halle publique de ladite Ville, à peine de confiscation de ce qui se trouvera en avoir été vendu, échangé ou baillé en paiement en autre lieu, & pour les reconnoitre, elles seront marquées de la Marque particuliere du Commis & Préposé à la perception desdits Droits, dont il sera laissé un Empreinte au Greffe de l'Election, pour y avoir recours en cas de fraude, & en seront lesdits Droits payés par l'Acheteur, pour après en déduire une moitié au Vendeur, sur le prix dont ils seront convenus pour l'achat desdites Toiles, sans néanmoins qu'elles puissent être emballées qu'en la présence desdits Commis & Préposés, pour reconnoitre si lesdits Droits en auront été payés & acquittés, parce que lesdites Marques leur vaudront d'acquit, & à l'égard de celles fabriquées par les Habitans de ladite Ville & Fauxbourgs, pour leur usage, ou pour les revendre, lesquelles ne se portent ès Halles ni Marchés, pareils Droits que ceux ci-dessus en seront payés par les Tissiers, auparavant que de les livrer ou qu'elles ayent été déployées & acquittées au Bureau, lesquels en cas d'avance leur seront rendus avec & en outre le prix de la façon.	*Mémoire...*	....	....

V I E U X   D R A P S.

	Principal.	Dix Sols pour livre de l'Edit d'Août 1781.	TOTAL.
Pour chacune douzaine de vieux Draps de linges forts, achetés ou vendus en gros ou en détail, dont le Droit sera payé par l'Acheteur, auparavant qu'ils les puissent emballer ni enlever hors de ladite Ville & Fauxbourgs, quinze sols....................	».15. ».	». 7. 6.	1. 2. 6.
Pour chacune douzaine de vieux Draps, foibles ou à bougrans, dont le Droit sera payé comme en l'article précédent, dix sols..	».10. ».	». 5. ».	».15. ».
Pour chaque douzaine de vieux Draps employés & teints en bougrans, dont le Droit ne sera payé qu'après la teinture & apprêt, & auparavant que les Teinturiers les puissent faire sortir, vendre ni débiter en gros ou en détail, dix sols....................	».10. ».	». 5. ».	».15. ».

T O I L E   B L A N C H E.

	Principal.	Dix Sols pour livre de l'Edit d'Août 1781.	TOTAL.
Pour chacune piece de Toile blanche de Laval, Troyes, Coton, Boucassins & autres lieux, de pareille nature & fabrique, jusqu'à cinquante aunes & au dessus, trente sols....................	1.10. ».	».15. ».	2. 5. ».
Pour chacune piece de Toile de Bretagne, depuis quatre aunes jusqu'à sept, quatre sols....................	». 4. ».	». 2. ».	». 6. ».

DÉNOMINATION DES MARCHANDISES ET DENRÉES sujettes aux Droits.	Principal.	Dix Sols pour livre de l'Edit d'Août 1781.	TOTAL.
	℔ ß g	℔ ß g	℔ ß g
Pour chacune piece de Toile de Quintin, claire, de quatre aunes jusqu'à cinq, deux sols..........	». 2. ».	». 1. ».	». 3. ».
Pour chacune piece de Toile de Batiste de douze à quatorze aunes de longueur, vingt-cinq sols..........	1. 5. ».	».12. 6.	1.17. 6.
Pour chacune piece de Toile de soie, de dix aunes de longueur, quinze sols..........	».15. ».	». 7. 6.	1. 2. 6.
Pour chaque piece de Toile de Hollande, de quatorze aunes de longueur, trente sols..........	1.10. ».	».15. ».	2. 5. ».
Pour chaque piece de Futaine à grain, & Basin, jusqu'à dix-huit aunes, quinze sols..........	».15. ».	». 7. 6.	1. 2. 6.
Pour chacune piece de Futaine à poil ou œuvre, jusqu'à quinze aunes, six sols..........	». 6. ».	». 3. ».	». 9. ».
Pour chaque livre de Dentelle fine ou passement de Flandres, Gênes, Venise ou autres lieux, de valeur de cent sols chacune aune, & de tous prix au dessus, le fort portant le foible, sept livres dix sols..........	7.10. ».	3.15. ».	11. 5. ».
Pour chacune livre de toutes autres sortes de Dentelles de fil, depuis trois sols l'aune, jusqu'à cent sols, & non davantage, cinquante sols..........	2.10. ».	1. 5. ».	3.15. ».
Pour chacune douzaine de Glands de Flandres ou autres lieux, fins, gros & moyens, l'un portant l'autre, & de quelque fabrique que ce puisse être, un sol six deniers..........	». 1. 6.	». ». 9.	». 2. 3.
Pour lesquellesdites Toiles, Futaines, Dentelles & Glands, le Droit sera payé en entrant dans ladite Ville & Fauxbourgs, sinon qu'elles passent debout..........	*Mémoire.*	....	....
POISSON DE MER ET AUTRE.			
Pour chacune barique ou charge de Cheval de Harengs blancs, qui entrera dans ladite Ville & Fauxbourgs, pour y être vendue, échangée ou consommée, ou qui y restera plus de deux fois vingt-quatre heures, quinze sols..........	».15. ».	». 7. 6.	1. 2. 6.
Pour chacune barique de Hareng sauret, qui sera vendue, échangée ou consommée, ou qui séjournera comme dessus, huit sols.	». 8. ».	». 4. ».	».12. ».
Pour chacune charge de Cheval dudit Hareng sauret, comme dessus, seize sols..........	».16. ».	». 8. ».	1. 4. ».
Pour chacune poignée de Morue ou Saumon salé, qui sera vendue, échangée ou qui séjournera comme dessus, douze den..	». 1. ».	». ». 6.	». 1. 6.
Pour chacune poignée de Morue sèche ou Merlu, comme dessus, trois deniers..........	». ». 3.	». ». 1 ½.	». ». 4 ½.
Pour chacune charge de Cheval de toutes sortes de Poisson de Mer, frais, ou Huîtres écaillées, vingt sols..........	1. ». ».	».10. ».	1.10. ».
Pour chacune charge de Cheval d'Huîtres en écailles, dix sols.	».10. ».	». 5. ».	».15. ».
Pour chacune douzaine de Carpes, Brochets & Tanches, au dessus & au dessous à proportion, le fort portant le foible, quatre sols..........	». 4. ».	». 2. ».	». 6. ».
Pour chacune charge de Cheval de Noix, Marons, Châtaignes, Amendes avec coques, fruits cuits & secs, six sols.....	». 6. ».	». 3. ».	». 9. ».
Pour chacune charge de Cheval de Prunes vertes, Melons, Pommes, Poires, Oignons, Cerises & autres fruits cruds, deux sols..........	». 2. ».	». 1. ».	». 3. ».
Pour chacune charge de Cheval estimée à deux cens cinquante livres pesant, au dessus & au dessous & à proportion, de Prunes entrans en ladite Ville & Fauxbourgs, pour y être vendue, échan-			

DENOMINATION DES MARCHANDISES ET DENRÉES sujettes aux Droits.	Principal.	Dix Sols pour livre de l'Edit d'Août 1781.	TOTAL.
	tt ß g	tt ß g	tt ß g
gée, consommée, ou qui y séjournera plus de deux fois vingt-quatre heures, cinq sols	». 5. ».	». 2. 6.	». 7. 6.
Pour chacune charge d'Homme desdits fruits cruds, cuits ou secs, & Prunes, un sol	». 1. ».	». ». 6.	». 1. 6.
Pour chacune charge de Cheval qui aura été conduite ou achetée dans ladite Ville & Fauxbourgs, de Beurre frais, Volaille commune & Gibier mort ou vif, de quelque nature & qualité qu'ils puissent être, dont le Droit sera payé auparavant que de les sortir, attendu que ladite Volaille, le Gibier & Beurre n'auront rien payé en y entrant, pour éviter au trouble & à la difficulté de percevoir ledit Droit en détail, trente sols	1.10. ».	».15. ».	2. 5. ».
Pour chacune charge de Cheval d'Œufs, comme & ainsi qu'en l'article ci-dessus, dix sols	».10. ».	». 5. ».	».15. ».
Pour chaque charge de Cheval & d'Homme, à la moitié, de Fromages vieux, nouveaux, grands, moyens ou p.tits, qui se vendront, échangeront, consommeront & séjourneront comme dessus, vingt sols	1. ». ».	».10. ».	1.10. ».

BOISSONS.

DENOMINATION DES MARCHANDISES ET DENRÉES sujettes aux Droits.	Principal.	Dix Sols pour livre de l'Edit d'Août 1781.	TOTAL.
Pour chaque Pipe de Vin blanc ou clairet, poinçon ou busse, à proportion, quatre livres	4. ». ».	2. ». ».	6. ». ».
Pour chacune Pipe & Poinçon, à proportion, de Pommé & Poiré, l'un portant l'autre, sera payé en entrant & auparavant que de décharger, quinze sols	».15. ».	». 7. 6.	1. 2. 6.
Pour chacun pot d'Eau-de-vie, qui sera apporté ou tiré dans ladite Ville & Fauxbourgs, deux sols	». 2. ».	». 1. ».	». 3. ».
Pour chacun pot de Vinaigre, apporté ou fait dans ladite Ville & Fauxbourgs, pour y être vendu ou consommé, six deniers	». ». 6.	». ». 3.	». ». 9.

BOIS ET CHARBON.

DENOMINATION DES MARCHANDISES ET DENRÉES sujettes aux Droits.	Principal.	Dix Sols pour livre de l'Edit d'Août 1781.	TOTAL.
Pour chacune charretée de gros Bois & Fagots à brûler, soit de Fouteau, Chêne, Poirier, Pommier, ou autres arbres entrans dans ladite Ville & Fauxbourgs, pour y être vendus, échangés ou consommés, sera payé en y entrant & auparavant que de pouvoir décharger, quinze sols	».15. ».	». 7. 6.	1. 2. 6.
Pour chacune charge de Cheval, Ane ou Mulet desdits gros Bois, Fagots ou Cotrets, dont le Droit sera payé comme dessus, un sol six deniers	». 1. 6.	». ». 9.	». 2. 3.
Pour chaque pipe de Charbon, dont le Droit sera payé comme dessus, charge d'homme à proportion, trois sols	». 3. ».	». 1. 6.	». 4. 6.
Pour chacune charretée de Bois de Merrain, Poutres, Sommiers & autres Bois à bâtir & à faire des Roues, trente sols	1.10. ».	».15. ».	2. 5. ».
Pour chacune torche de Cercle de toutes sortes de Bois, six deniers	». ». 6.	». ». 3.	». ». 9.
Pour chacun cent ou paquet de Lattes, six deniers	». ». 6.	». ». 3.	». ». 9.
Pour chacune charretée estimée à huit charges de cheval, charge de cheval & d'homme, pour la moitié, de Pelles, Pellerons, Seilles, Boisseaux, Douvains, Sabots, Paniers & Ouvrages d'Osier, ou autres matieres, & toutes autres sortes de Bois dolés, vingt sols	1. ». ».	».10. ».	1.10. ».
Pour chacune douzaine & à proportion, d'Arçons & Fûts de Selles & de Bâts, six sols	». 6. ».	». 3. ».	». 9. ».

DÉNOMINATION DES MARCHANDISES ET DENRÉES sujettes aux Droits.	Principal.	Dix Sols pour livre de l'Edit d'Août 1781.	TOTAL.
	tt ß ß	tt ß ß	tt ß ß
F O I N.			
Pour chacune charretée de Foin, charge de cheval & d'homme à proportion, dont le Droit sera payé en entrant dans ladite Ville & Fauxbourgs, avant que de pouvoir décharger, vingt sols.	1. ». ».	».10. ».	1.10. ».
BESTIAL qui sera vendu, échangé ou baillé en paiement, dans les Foires & Marchés de ladite Ville & Fauxbourgs, & autres jours de la semaine, les Droits réduits suivant l'Arrêt du Conseil du 5 Septembre 1775, comme ci-après.			
Par chacun Bœuf ou Taureau gras ou maigre, quinze & huit sols réduits, ci........ aux Marchés...	». 2. 1 ½.	». 1. ». ⅝.	». 3. 2 ⅘.
...aux Foires....	». 2.10 ½.	». 1. 5 ⅜.	». 4. 3 ⅘.
Par chacune Vache ou Génisse d'un an, ou au dessus, huit sols réduits, ci..... aux Marchés..	». 1. 5 ¼.	». ». 8 ⅔.	». 2. 1 ⅘.
...aux Foires....	». 1. 1 ¼.	». 1. ». ⅝.	». 3. 2 ⅘.
Par chacun Veau de lait, mâle ou femelle, quatre & un sol réduits, ci....... aux Marchés..	». ». 8 ¼.	». ». 4 ⅖.	». 1. ». ⅗.
...aux Foires....	». 1. ». ¼.	». ». 6 ⅖.	». 1. 7 ⅘.
Par chaque Mouton ou Brebis, avec son agneau, depuis le 1er Mars, jusqu'au 1er jour de Juin exclusivement, deux sols réduits, ci. aux Marchés...	». ». 2 ¼.	». ». 1 ¼.	». ». 4 ⅘.
...aux Foires....	». ». 4 ½.	». ». 2 ¼.	». ». 6 ¾.
Par chacun Agneau, depuis ledit premier jour de Juin, jusqu'au premier jour de Mars suivant, aux Foires comme aux Marchés, deux sols réduits, ci........	». ». 2 ⅘.	». ». 1 ⅖.	». ». 4 ⅘.
Par chaque Porc ou Truie gras ou maigre, six sols réduits, ci........ aux Marchés...	». 1. ». ⅖.	». ». 6 ⅖.	». 1. 7 ⅘.
...aux Foires....	». 1. 5 ⅞.	». ». 8 ⅖.	». 2. 1 ¼.
Par chacun Porcelet de lait, mâle ou femelle, aux Foires comme aux Marchés, deux sols réduits, ci.	». ». 4 ⅖.	». ». 2 ⅘.	». ». 6 ⅘.
Par chacun cheval ou Poulain mâle ou femelle, vingt & quinze sols réduits, ci..... aux Marchés...	». 2.10 ⅘.	». 1. 5 ⅘.	». 4. 3 ⅘.
...aux Foires....	». 3. 4 4/15.	». 1. 8 ⅘.	». 5. 1 1/15.
Par chacun Ane ou Mulet, dix sols réduits, ci. aux Marchés..	». 1. 5 ⅘.	». ». 8 ⅘.	». 2. 1 ⅘.
...aux Foires....	». 2. 1 ⅘.	». 1. ». ⅘.	». 3. 2 ⅘.
Pour chaque Chèvre ou Bouc, aux Foires comme aux Marchés, dix sols réduits, ci.....	». 1. 5 ½.	». ». 8 ⅘.	». 2. 1 ⅘.
De tous lesquels Bestiaux ci-dessus, lesdits Droits seront payés, moitié par le Vendeur, moitié par l'Acheteur, & lesdits Bestiaux affectés au paiement.	*Mémoire.*.	....	....
Et à l'égard des Bestiaux que les Bourgeois & Habitans de ladite Ville & Fauxbourgs y feront entrer, soit pour les nourrir, ou les faire massacrer, ils paieront pareils Droits que ceux ci-dessus........	*Mémoire.*.	....	....
MASSACRE DE BOUCHERIE.			
Pour chaque chair de Bœuf, vendue & débitée par les Bouchers de ladite Ville & Fauxbourgs, quatre livres dix sols......	4.10. ».	1. 5. ».	6.15. ».
Pour chaque chair de Vache, Génisse ou Taureau, cinquante sols.........	2.10. ».	1. 5. ».	3.15. ».
Pour chaque chair de Veau de lait, sept sols.............	». 7. ».	». 3. 6.	».10. 6.
Pour chaque chair de Mouton ou Brebis, six sols..........	». 6. ».	». 3. ».	». 9. ».
Pour chaque chair d'Agneau, depuis ledit premier jour de Juin, six sols...	». 6. ».	». 3. ».	». 9. ».

DÉNOMINATION DES MARCHANDISES ET DENRÉES sujettes aux Droits	Principal.	Dix Sols pour livre de l'Edit d'Août 1781.	TOTAL.
	tt ß g	tt ß g	tt ß g
Pour chaque chair de Porc ou Truie, quinze sols.........	».15. ».	». 7. 6.	1. 2. 6.
Pour chaque chair de Bouc ou Chevre, vingt sols...........	1. ». ».	».10. ».	1.10. ».
Pour chaque chair de Chevreau, un sol..........	». 1. ».	». ». 6.	». 1. 6.
Lesquelsdits Droits seront payés par les Bouchers, auparavant le massacre desdits Bestiaux, & qu'ils les exposent en vente, quoiqu'ils les eussent achetés dans les Foires & Marchés de ladite Ville & Fauxbourgs, le même jour du massacre.........	Mémoire..	....	....

FER, ÉTAIN ET VERRE.

DÉNOMINATION DES MARCHANDISES ET DENRÉES sujettes aux Droits	Principal.	Dix Sols pour livre de l'Edit d'Août 1781.	TOTAL.
Pour chacune charretée de Fer en barre ou aissieux, estimée à seize cens livres pesant, & au dessous à proportion, cent sols....	5. ». ».	2.10. ».	7.10. ».
Pour chaque charge de Cheval, dudit Fer en Barre, douze sols six deniers.............	».12. 6.	». 6. 3.	».18. 9.
Pour chacune charretée de Fer en verge, estimée à seize cens pesant, & au dessous à proportion, six livres...............	6. ». ».	3. ». ».	9. ». ».
Pour chacune charge de Cheval, dudit fer en verge, quinze sols.............	».15. ».	». 7. 6.	1. 2. 6.
Pour chacune charretée de Fer en œuvre, de Soc de Charrue, Pics, Houettes, Bandages, Cloux de Charrettes, Gonds, Pentures, Verouils, Fourches à fiens, Broc, & toutes autres sortes de gros Ouvrages estimés à seize cens pesant, six livres..	6. ». ».	3. ». ».	9. ». ».
Pour chaque charge de Cheval, desdits ouvrages de Fer, quinze sols.............	».15. ».	». 7. 6.	1. 2. 6.
Pour chacun cent pesant, & à proportion au-dessus & au-dessous, de toutes sortes de Cloux, grands, moyens & petits, autres que ceux de charrettes, quinze sols.............	».15. ».	». 7. 6.	1. 2. 6.
De tout lesquelsdits Fer & Ouvrages, lesdits Droits seront payés en entrant dans ladite Ville & Fauxbourgs, pour y être vendus, échangés ou consommés, sinon qu'ils passent debout & sans être déchargés.............	Mémoire..	....	....
Pour chacune douzaine, au-dessus & au-dessous, de Pelles ou Bêches ferrées, sept sols six deniers.............	». 7. 6.	». 3. 9.	».11. 3.
Pour chacun cent pesant, au-dessus & au-dessous à proportion, d'Acier non œuvré, vingt-cinq sols.............	1. 5. ».	».12. 6.	1. 7. 6.
Pour chacun cent pesant, au-dessus & au-dessous à proportion, de Ciseaux, Couteaux, Gardes & Lames d'Epées, & de Scies, Tentilles, Brochoirs, Alênes, Carrelets, Limes, Etriers, Mors de Brides, Eperons, Cloux à Cordonniers, Cuivre en rosette ou masse, ou en œuvre, Feuilles de Fer blanc ou noir, & autres Ouvrages de Quincaillerie de même qualité, quarante sols.	2. ». ».	1. ». ».	3. ». ».
Pour chacune douzaine de Faux ou Vollans, douze sols.....	».12. »	». 6. ».	».18. ».
Pour chacune douzaine de Faucilles, fabriquées en ladite Ville & Fauxbourgs, ou qui y seront apportées de dehors, trois sols.............	». 3. ».	». 1. 6.	». 4. 6.
Pour chacun cent pesant de Plomb en table, saumon ou en œuvre, neuf sols.............	». 9. ».	». 4. 6.	».13. 6.
Pour chacun cent pesant d'Etain en grille, saumon ou en œuvre, fin & commun, l'un portant l'autre, au-dessus & au-dessous à proportion, dont le Droit sera payé par les Etamiers qui le mettront en œuvre, auparavant qu'ils le puissent exposer en vente, & à cette fin seront tenus de faire marquer chacune piece & ouvrage dudit Etain, de la Marque ou Etampe des			

DÉNOMINATION DES MARCHANDISES ET DENRÉES sujettes aux Droits.	Principal.	Dix Sols pour livre de l'Édit d'Août 1781.	TOTAL.
	₶ ß đ	₶ ß đ	₶ ß đ
Préposés à la perception dudit Droit, quarante sols.........	2. ». ».	1. ». ».	3. ». ».
Pour chacun cent pesant, au-dessus & au-dessous à proportion, de Baleine, dont le Droit sera payé en entrant dans ladite Ville & Fauxbourgs, & ne passera debout, trente sols....	1.10. ».	».15. ».	2. 5. ».
Pour chacune charretée de Verre en table à faire vitre, contenant quatre paniers, charge de Cheval & d'Homme, à proportion, quarante sols............	2. ». ».	1. ». ».	3. ». »,
Pour chaque charge d'Homme, de Verres à boire, de quelque qualité qu'ils soient, la somme, vingt-cinq sols............	1. 5. ».	».12. 6.	1.17. 6.
Pour chacune charge de Cheval & d'Homme à moitié, de Bouteilles de Verres clissées & non, grandes & petites, quinze sols.	».15. ».	». 7. 6.	1. 2. 6.
Pour chacun cent pesant au-dessus & au-dessous à proportion, de Plumes d'Oie à faire lits, entrant dans ladite Ville ou en sortant, après y avoir séjourné plus de deux fois vingt-quatre heures, trente sols............	1.10. ».	».15. ».	2. 5. ».
Pour chacun cent pesant de plumes de Volaille, comme dessus, dix sols............	».10. ».	». 5. ».	».15. ».
DROGUERIE.			
Pour chacun cent pesant, au-dessus au-dessous à proportion, de Cire jaune, blanche ou vierge, l'une portant l'autre, cinquante sols.....	2.10. ».	1. 5. ».	3.15. ».
Pour chacun cent pesant, au-dessus & au-dessous à proportion, de Savon d'Alicante, Castres, Gayet, & autres lieux, de même qualité, dix-huit sols............	».18. ».	». 9. ».	1. 7. ».
Pour chacun cent pesant, & à proportion, de Savon de Rouen, noir & liquide, de toutes sortes, dix sols............	».10. ».	». 5. ».	».15. ».
Pour chacun cent pesant, au dessus & au-dessous à proportion, d'Huile d'Olive, dix-huit sols............	».18. ».	». 9. ».	1. 7. ».
Pour chaque cent pesant, au dessus & au dessous à proportion, d'Huile de Rabette, de Noix, de Poisson, & autre de même qualité, dix sols............	».10. ».	». 5. ».	».15. ».
Pour chacun cent pesant, au dessus & au dessous, à proportion, de toutes sortes de Poix noire, Résine de Bourgogne, Térébenthine, Tac, ou Huile de Cade, dix sols............	».10. ».	». 5. ».	».15. ».
Pour chacun cent pesant, au dessus & au dessous, à proportion, de toutes sortes de Suifs & Graisses provenant du Massacre fait en ladite Ville & Fauxbourgs, dont le Droit sera payé par l'Acheteur, vingt-deux sols six deniers	1. 2. 6.	».11. 3.	1.13. 9.
Pour chacun cent pesant, au dessus & au dessous, à proportion, de tout autre Suif blanc & Chandelles, Suif brun, Vieux-oingt, Graisses & Glus, dont le Droit sera payé en entrant, auparavant que de le pouvoir décharger ni exposer en vente, vingt-deux sols six deniers............	1. 2. 6.	».11. 3.	1.13. 9.
Pour chacun cent pesant, & à proportion, de toutes sortes de petites Colles, huit sols............	». 8. ».	». 4. ».	».12. ».
Pour chacun cent pesant, & à proportion, de Colles fortes de Flandres, dix-huit sols............	».18. ».	». 9. ».	1. 7. ».
Pour chacun cent pesant & à proportion, de Petun ou Tabac de Brésil, ou Vérine, cent sols............	5. ». ».	2.10. ».	7.10. ».
Pour chacun cent pesant & à proportion, de toute autre petit Petun ou Tabac, vingt sols............	1. ». ».	».10. ».	1.10. ».

DÉNOMINATION DES MARCHANDISES ET DENRÉES sujettes aux Droits.	Principal.	Dix Sols pour livre de l'Édit d'Août 1781.	TOTAL.
	₶ ß ç	₶ ß ç	₶ ß ç
Pour chaque journée de Chaux, Pavés, Pots, Enfaiteaux, Briques, & toutes autres sortes d'ouvrages de Poterie qui se fabriquera en ladite Ville & Fauxbourgs, vingt sols..........	1. ». ».	».10. ».	1.10. ».
Pour chacune pipe de Chaux apportée de dehors, au dessus & au dessous à proportion, deux sols.................	». 2. ».	». 1. ».	». 3. ».
Pour chacune charge de Cheval ou d'Homme pour moitié, de Poterie noire de Juvigny ou autres lieux, entrant dans ladite Ville & Fauxbourgs, pour y être vendue ou consommée, ou qui y séjournera plus de deux fois vingt-quatre heures, cinq sols..	». 5. ».	». 2. 6.	». 7. 6.
Pour chacune charge de Cheval ou d'Homme, à proportion, de toutes sortes de Poterie de Fayance, Nevers ou autres lieux, blanche ou teinte, vraie ou contrefaite, douze sols six deniers..	».12. 6.	». 6. 3.	».18. 9.
DINANDERIE.			
Pour chacun cent pesant, au dessus & au dessous à proportion, de Chaudieres, Chauderons, Marmites, Poêles, Poêlons & autres ouvrages de cette nature, de Fer ou de Fonte, qui entreront dans ladite Ville & Fauxbourgs, pour y être vendus & consommés, & ne passeront de bout, vingt-cinq sols........	1. 5. ».	».12. 6.	1.17. 6.
Pour chacun cent pesant, au dessus & au dessous à proportion, de toutes sortes d'ouvrages d'Airain & Cuivre en Poêle, Poêlons, Chauderons, Chaudieres, Coquemards, Bassins, Landieres, Réchaux, Platines, & généralement tout autre travail de Dinanderie, dont le droit sera payé comme dessus, cinquante sols..	2.10. ».	1. 5. ».	3.15. ».
TANNERIE.			
Pour chacun Cuir de Bœuf verd & en poil, sortant du massacre de ladite Ville & Fauxbourgs, dont le Droit sera payé par l'Acheteur, dix sols.................	».10. ».	». 5. ».	».15. ».
Pour chacun Cuir de Vache, comme dessus, cinq sols.....	». 5. ».	». 2. 6.	». 7. 6.
Pour chacune douzaine de Cuirs de Veau & Mouton, comme dessus, deux sols.................	». 2. ».	». 1. ».	». 3. ».
Pour chacune douzaine & à proportion, de Peaux de Bouc ou Chevre, en poil, comme dessus, neuf sols.................	». 9. ».	». 4. 6.	».13. 6.
Pour chacun Cuir de Bœuf sec, à poil ou tanné, du Pérou, Méxique, Havanne & autres de même nature, quinze sols...	».15. ».	». 7. 6.	1. 2. 6.
Pour chacun Cuir du Capvert, Senégal, Barbarie, Irlande, Moscovie & autres de même nature desdits Pays Étrangers, qui entrera dans ladite Ville & Fauxbourgs, pour y être vendu, échangé ou consommé, ou qui y sera déchargé en Seulles & Magasins, & y séjournera plus de deux fois vingt-quatre heures, parce que la livraison suppose la conclusion du marché, & ce pour éviter aux fraudes dudit Droit, six sols...	». 6. ».	». 3. ».	». 9. ».
Pour chacune livre de Cuir de Cheval ou de Bœuf, apprêté & passé en blanc, de quelque Pays que ce soit, six deniers....	». ». 6.	». ». 3.	». ». 9.
Pour chacune livre de Cuir de Vache de Russie & d'Angleterre, apprêté, neuf deniers.................	». ». 9.	». ». 4 ½.	». 1. 1 ½.
Pour chacune livre de Peaux passées en Maroquin, de quelque lieu que ce soit, un sol six deniers.................	». 1. 6.	». ». 9.	». 2. 3.
Pour chacune douzaine de Cuirots ou Basannes, venant de dehors, trois sols.................	». 3. ».	». 1. 6.	». 4. 6.
Pour chacun Cuir de Bœuf, tanné, apprêté ou teint, venant			

DÉNOMINATION DES MARCHANDISES ET DENRÉES sujettes aux Droits.	Principal.	Dix Sols pour livre de l'Edit d'Août 1781.	TOTAL.
	₶ ß d	₶ ß d	₶ ß d
...de dehors dans ladite Ville & Fauxbourgs, dont le Droit sera payé en entrant, quinze sols............	».15. ».	». 7. 6.	1. 2. 6.
Pour chacun Cuir de Vache, tanné & apprêté, dont le Droit sera payé comme dessus, cinq sols............	». 5. ».	». 2. 6.	». 7. 6.
Pour chacune douzaine de Cuirs de Bouc ou Chevre, apprêtés & passés en Huile, venant de dehors, vingt-cinq sols...	1. 5. ».	».12. 6.	1.17. 6.
Pour chacun Cuir de Porc ou Truie, tanné & apprêté comme dessus, un sol six deniers............	». 1 6.	». ». 9.	». 2. 3.
Pour chacune douzaine, & à proportion, de Cuir de Veau, Mouton & Agneau, apprêtés & passés en blanc, jaune, violet & autres couleurs, venant de dehors, deux sols six deniers....	». 2. 6.	». 1. 3.	». 3. 9.
Et à l'égard des Cuirs de même qualité & nature que ceux ci-dessus, qui auront été passés, apprêtés & tannés dans ladite Ville & Fauxbourgs, pour y être vendus ou transportés ailleurs, ne sera payé que la moitié desdits Droits ci-dessus, auparavant que de les pouvoir enlever, ni exposer en vente......	Mémoire...	....	......
Pour chacune douzaine de Peaux crues, de Renards, Fouines, Martres, Loutres, Boucs, Chèvres, Chevreaux, Agnelins, & toutes autres servans à faire Manchons & Fourrures, le fort portant le foible, au dessus & au dessous à proportion, quatre s...	». 4. ».	». 2. ».	». 6. ».
Pour chacun Manchon de Martre, Petit gris, Chiens, Lapins, Chats noirs, Loutres & autres, telles Peaux apportées de dehors pour être vendues, échangées ou consommées, dont le Droit sera payé en entrant, cinq sols...	». 5. ».	». 2. 6.	». 7. 6.
Pour chacun Manchon de Renard, Chevreau, Agneau, Lievre, Lapin, Bléreau, Loup du pays, & autres petits Manchons de même qualité, dont le Droit sera payé comme dessus, deux sols......	». 2. ».	». 1. ».	». 3. ».
Pour chacune douzaine, & à proportion, de Peaux de Parchemin, un sol six deniers......	». 1. 6.	». ». 9.	». 2. 3.
Pour chacun cent pesant, au dessus & au dessous à proportion, de toutes sortes de Confitures séches & liquides, Dragées, Sucre en pain ou en masse, Cassonade ou Sucre rompu en morceaux, de quelque lieu que ce soit, cinquante sols....	2.10. ».	1. 5. ».	3.15. ».
Pour chacune livre de Gérofle, Canelle, Muscade, Safran, Camphre, & autres drogues fines, dont les Apothicaires se servent en leurs compositions de Médecine, deux sols six deniers......	». 2. 6.	». 1. 3.	». 3. 9.
Pour chacun cent pesant, au dessus & au dessous, de Pastel, Garance, Voide, Noix de Galle, Couperose, blanc & vert, Bois d'Inde & Bresil, Blanc de Plomb, Alun, Azur commun, Verd-de-gris, Poivre, Gingembre, Coque de Levant, Céruse, Bol, Amidon, Litharge, Raisin de Damas & au Soleil, Figues de Cabas, Amendes sans coques, Capres, Olives, Percepierre, & autres Drogues de pareille nature non comprises, & à la réserve de celles employées ci-devant en d'autres articles, trente sols......	1.10. ».	».15. ».	2. 5. ».

CHANVRE ET FIL.

DÉNOMINATION DES MARCHANDISES ET DENRÉES sujettes aux Droits.	Principal.	Dix Sols pour livre de l'Edit d'Août 1781.	TOTAL.
Pour chacun cent pesant, au dessus & au dessous à proportion, de Chanvre crud & en masse, entrant dans ladite Ville & Fauxbourgs, pour y être vendu, apprêté ou consommé, huit sols.	». 8. ».	». 4. ».	».12. ».
Pour chacune livre de Brin ou Lin apprêté, prêt à filer, qui			

DÉNOMINATION DES MARCHANDISES ET DENRÉES, sujettes aux Droits.	Principal.	Dix Sols pour livre de l'Edit d'Août 1781.	TOTAL
	tt ß g	tt ß g	tt ß g
ſera vendu, échangé ou conſommé en ladite Ville & Fauxbourgs, ſix deniers	». ». 6.	». ». 3.	». ». 9.
Pour chacun cent peſant, au deſſus & au deſſous à proportion, de Fil de Brin & Lin blanc ou écru, dont le droit ſera payé eu ſortant de ladite Ville & Fauxbourgs, autre que celui qui y aura été acheté pour l'employer en la Manufacture des Toiles de ladite Ville & Fauxbourgs, trois livres	3. ». ».	1.10. ».	4.10. ».
PAPIER.			
Pour chacune Rame de grand Papier fin, de compte ou autre, le fort portant le foible, deux ſols ſix den.	». 2. 6.	». 1. 3.	». 3. 9.
Pour chacune Rame de papier commun & moyen, un ſol ſix d.	». 1. 6.	». ». 9.	». 2. 3.
Pour chacune Rame de petit Papier, un ſol.	». 1. ».	». ». 6.	». 1. 6.
DIVERSES MARCHANDISES.			
Pour chacun Chapeau demi-Caſtor, Vigogne de neuf ſortes, ou autres Chapeaux fins qui entreront dans ladite Ville & Fauxbourgs, pour y être vendus, échangés ou conſommés, cinq ſols.	». 5. ».	». 2. 6.	». 7. 6.
Pour chacun Chapeau de Laine commune entrant comme deſſus, deux ſols ſix deniers.	». 2. 6.	». 1. 3.	». 3. 9.
Pour chacune livre de Poudre à Canon, un ſol ſix deniers.	». 1. 6.	». ». 9.	». 2. 3.
Pour chacun cent peſant de Bourre, de Chardon, de Crin, Poil de Bœuf ou de Vache, bourré ou pilé, au deſſus & au deſſous à proportion, dix ſols.	».10. ».	». 5. ».	».15. ».
Pour chacune livre d'Étain blanc d'Angleterre prêt à filer, deux ſols ſix deniers.	». 2. 6.	». 1. 3.	». 3. 9.
Pour chacun cent peſant de pains de Craie blanche, un ſol trois deniers.	». 1. 3.	». ». 7 ½.	». 1.10 ½.
Pour chacun cent peſant de Beurre ſalé en pots, qui ſe vendra en ladite Ville & Fauxbourgs, dix ſols.	».10. ».	». 5. ».	».15. ».
Pour chacune douzaine de Gants de Cerf, Chevreuil, Chamois, Daim, Gants de Rome, Eſpagne & Angleterre, parfumés ou non, & autres garnis de Franges ou Rubans de Soie, Or ou Argent en broderie, garnis & non garnis, le fort portant le foible, douze ſols.	».12. ».	». 6. ».	».18. ».
Pour chacune douzaine de tous autres Gants communs non étoffés ni garnis, quatre ſols.	». 4. ».	». 2. ».	». 6. ».
Pour chacun cent peſant, au deſſus & au deſſous à proportion, de toutes ſortes de Coton & mêche, filés & non filés, cinquante ſols.	2.10. ».	1. 5. ».	3.15. ».
Pour chacune charretée de Navaux, eſtimée à huit ſommes de Cheval, Ane ou Mulet, leſdites charges à proportion, & celles d'un Homme à la moitié deſdites charges, ſix ſols.	». 6. ».	». 3. ».	». 9. ».
Pour chacun Serant, gros ou delié, un ſol.	». 1. ».	». ». 6.	». 1. 6.
Pour chacune paire de Peignes à tirer la Laine, quatre ſols.	». 4. ».	». 2. ».	». 6. ».
Pour chacune paires de Cardes fines ou groſſes, un ſol ſix deniers.	». 1. 6.	». ». 9.	». 2. 3.
Pour chacune charge de Tan, quatre ſols.	». 4. ».	». 2. ».	». 6. ».
Pour chacune aune de Coutil, de quelque façon que ce ſoit, ſix deniers.	». ». 6.	». ». 3.	». ». 9.
Pour chacune charge de Cheval & d'Homme à la moitié, de Roſeaux à faire claies pour Drapiers & Tiſſers, qui entrera dans ladite Ville & Fauxbourgs, & ne paſſera debout, vingt ſols.	1. ». ».	».10. ».	1.10. ».

DÉNOMINATION DES MARCHANDISES ET DENRÉES sujettes aux Droits.	Principal.	Dix Sols pour livre de l'Edit d'Août 1781.	TOTAL.
	₶ ß ₰	₶ ß ₰	₶ ß ₰
Pour chacune charge de Cheval & d'Homme à la moitié, de Chardons à Bonnetiers & Tondeurs, vingt fols..........	1. ». ».	».10. ».	1.10. ».
Pour chacune Oie ou Volailles, d'Inde, entrant dans ladite Ville & Fauxbourgs, depuis le quinzieme jour d'Août de chacune année, jufqu'au jour de Carême prenant ensuivant, douze deniers........................	». 1. ».	». ». 6.	». 1. 6.
Pour chacun millier de Tuile, au deffus & au deffous à proportion, qui entrera dans ladite Ville & Fauxbourgs, & ne paffera debout, fix fols........................	». 6. ».	». 3. ».	». 9. ».
Pour chacun millier d'Ardoife, au deffus & au deffous à proportion, qui entrera dans ladite Ville & Fauxbourgs, & ne paffera debout, quinze fols................	».15. ».	». 7. 6.	1. 2. 6.

Nota. Les Octrois Municipaux & les Dix Sols pour livre defdits Droits, énoncés au préfent Tarif, & claffés dans les différens textes du Tarif général des Aides, font ici pour mémoire.

De l'Imprimerie de LAMESLE, Imprimeur des Fermes du Roi, au Bureau général des Aides, Hôtel de Bretonvilliers, Isle Saint Louis. 1781.

GÉNÉRALITÉ D'ALENÇON.

TARIF DES DROITS

Dépendans de la Régie Générale,

DUS DANS LA DIRECTION
D'ARGENTAN.

DROITS dûs sur les BOISSONS à l'entrée & au braſſage, par muid de 144 pots.

VILLE D'ARGENTAN.

NATURE DES DROITS, Réglem. qui les autoriſent.	Eau-de-vie & Liqueur.	Vin de Liqueur.	Vin ordinaire	Cidre.	Biere.	Poiré.
Ordonnance de 1680, tit. 4 art. 1. Anciens & nouveaux 5 ſols........	l. ſ. d. « « «	l. ſ. d. « 14. «	l. ſ. d. « 14. «	l. ſ. d. « « «	l. ſ. d. « « «	l. ſ. d. « « «
Idem, tit. 14 art. 1. tit. 16 art. 3. tit. 17 art. 6. Subvention	5. 8. «	1. 7. «	1. 7. «	« 13.6.	« 13. 6.	« 6. 9.
Déclarations du Roi des 10 Octobre & 31 Décembre 1689. Jauge-Courtage........	2. 5. «	« 15. «	« 15. «	« 9. «	« 9. «	« 9. «
Edit d'Octobre & Arrêt du Conseil du 19 Décembre 1705. Inſpecteurs........	1.10. «	« 10. «	« 10. «	« 5. «	« 5. «	« 2. 6.
Lettres-Patentes du 2 Août 1777. Octrois municipaux...	« « «	1. 7. «	1. 7. «	« 11. «	« « «	« 7. «
Total........	9. 3. «	4.13. «	4.14. «	3.18.0.	1. 7. 0.	1. 5. 3.
Edit d'Août 1781. 10 ſ. p. l.	4.11. 6.	2. 6.6.	2. 6. 6	« 19.3.	« 13. 9.	« 12. 7½
Déclaration du Roi du 3 Janvier 1759. Droits réſervés.	14. 8. «	6. « «	1.10. «	« 10. «	« 10. «	« 5. «
Edit d'Août 1781. 10 ſ. p. l. modérés à 6 ſ. par déciſion du 19 dudit mois........	4. 6. 4½	1.16. «	« 9. «	« 5. «	« 3. «	« 1. 6.
Total général...	32. 8.10½	14.15.6.	8.18.6.	3.10.9.	2.14. 3.	2. 4. 4½

BOURGS D'ECOUCHÉ ET VIMONTIERS.

NATURE DES DROITS. & Réglem. qui les autorisent.	Eau-de-vie & liqueur.	Vin de Liqueur.	Vin ordinaire	Cidre & Biere.	Poiré.
	l. f. d.	l. f. d.	l. f. d.	l. f. d.	l. f. d.
Ordonnance de 1680, tit. 4. art. premier. Anciens & nouveaux cinq fols.	» » »	» 14. »	» 14. »	» » »	» » »
Idem, tit. 24 art. 1. tit. 26. art. 1. tit. 27 art. 6. Subvention.	5. 8. »	1. 7. »	1. 7. »	» 13. 6.	» 6. 9.
Déclarations du Roi des 10 Octobre & 31 Décembre 1689. Jauge-Courtage.	2. 5. »	» 15. »	» 15. »	» 9. »	» 9. »
Edit d'Octobre & Arrêt du Confeil du 29 Décembre 1705. Infpecteurs.	1. 10. »	» 10. »	» 10. »	» 5. »	» 2. 6.
Lettres-Patentes du 2 Août 1777. Octrois municipaux.	1. » »	» 6. 8.	» 6. 8.	» 3. 4.	» 1. 8.
Total.	10. 3. »	3. 12. 8.	3. 12. 8.	1. 10. 10.	» 19. 11.
Edit d'Août 1781 10 f. p. l.	5. 1. 6.	1. 16. 4.	1. 16. 4.	» 15. 5.	» 9. 11½
Déclaration du Roi du 3 Janvier 1749. Droits réfervés.	14. 8. »	6. » »	1. 5. »	» 10. »	» 5. »
Edit d'Août 1781. 10 fols pour livre modérés à 6 fols par décifion du 29 dudit mois.	4. 6. 4¼	1. 16. »	» 7. 6	» 1. »	» 1. 6.
Total général.	33. 18. 10¼	11. 5. »	7. 1. 6.	2. 19. 3.	1. 16. 4½

BOURG DE TRUN.

NATURE DES DROITS, & Réglemens qui les autorifent.	Eau-de-vie & Liqueur.	Vin de Liqueur.	Vin ordinaire	Cidre & Biere.	Poiré.
	l. f. d.	l. f. d.	l. f. d.	l. f. d.	l. f. d.
Ordonnance de 1680, tit. 4. art. premier. Anciens & nouveaux cinq fols.	» » »	» 14. »	» 14. »	» » »	» » »
Idem. Tit. 24. art. 1. tit. 26. art. 3. tit. 27. art. 6. Subvention.	5. 8. »	1. 7. »	1. 7. »	» 13. 6.	» 6. 9.
Déclarations du Roi des 10 Octobre & 31 Décembre 1689. Jauge - Courtage.	2. 5. »	» 15. »	» 15. »	» 9. »	» 9. »
Edit d'Octobre & Arrêt du Confeil du 29 Décembre 1705. Infpecteurs.	1. 10. »	» 10. »	» 10. »	» 5. »	» 2. 6.
Lettres-Patentes du 2 Août 1777. Octrois Municipaux.	1. » »	» 6. 8.	» 6. 8.	» 3. 4.	» 1. 8.
Total.	10. 3. »	3. 12. 8.	3. 12. 8.	1. 10. 10.	» 19. 11.
Edit d'Août 1781. 10 f. p. l.	5. 1. 6.	1. 16. 4.	1. 16. 4.	» 15. 5.	» 9. 11½
Déclaration du Roi du 3 Janvier 1749. Droits réfervés.	14. 8. »	6. » »	1. » »	» 10. »	» 5. »
Edit d'Août 1781. 10 f. p. l. modérés à 6 f. par décifion du 29 du même mois.	4. 6. 4¼	1. 16. »	» 6. »	» 4. »	» 1. 6.
Total général.	33. 18. 10¼	11. 5. »	6. 15. »	2. 19. 1.	1. 16. 4½

BOURG DE CAROUGES.

Nature des Droits, & Réglemens qui les autorisent.	Eau-de-vie & Liqueur.	Vin de liqueur.	Vin ordinaire.	Cidre & Biere.	Poiré.
	l. f. d.	l. f. d.	l. f. d.	l. f. d.	l. f. d.
Ordonnance de 1680. tit. 4. art. premier. Anciens & nouveaux cinq fols..........	» » »	» 14. »	» 14. »	» » »	» » »
Idem. tit. 24. art. 1. tit. 26. art. 3. tit. 27. art. 6. Subvention........	5. 8. »	1. 7. »	1. 7. »	» 13. 6.	» 6. 9.
Déclarations du Roi des 10 Octobre & 31 Décembre 1689. Jauge-Courtage........	2. 5. »	» 15. »	» 15. »	» 9. »	» 9. »
Edit d'Octobre & Arrêt du Conseil du 19 Décembre 1705. Inspecteurs........	1. 10. »	» 10. »	» 10. »	» 5. »	» 2. 6.
Total........	9. 3. »	3. 6. »	3. 6. »	2. 3. 6.	» 13. 3.
Edit d'Août 1781. 10 f. p. l........	4. 11. 6.	1. 13. »	1. 13. »	» 13. 9.	» 9. 1½
Déclaration du Roi du 3 Janvier 1719. Droits réservés........	14. 8. »	6. » »	1. » »	» 10. »	» 5. »
Edit d'Août 1784. 10 f. p. l. modérés à 6 fols par décision du 19 dudit mois........	4. 6. 4½	1. 16. »	» 6. »	» 3. »	» 1. 6.
Total général.....	12. 8. 10½	12. 15. 6	2. 3. »	2. 14. 6.	1. 12. 10½

BOURG D'EXMES.

Nature des Droits, & Réglemens qui les autorisent.	Eau-de-vie & Liqueur.	Vin ordinaire & de Liqueur.	Cidre & Biere.	Poiré.
	l. f. d.	l. f. d.	l. f. d.	l. f. d.
Ordonnance de 1680, tit. 4. art. 1. Anciens & nouveaux 5 fols.........	» » »	» 14. »	» » »	» » »
Idem. tit. 24. art. 1. tit. 26. art. 3. tit. 27. art. 6. Subvention.........	5. 8. »	1. 7. »	» 13. 6.	» 6. 9.
Déclarations des 10 Octobre & 31 Décembre 1689. Jauge-Courtage.........	2. 5. »	» 15. »	» 9. »	» 9. »
Edit d'Octobre & Arrêt du Conseil du 19 Décembre 1705. Inspecteurs.........	1. 10. »	» 10. »	» 5. »	» 2. 6.
Lettres-Patentes du 2 Août 1772. Octrois municipaux.........	1. » »	» 6. 8.	» 4. 4.	» 1. 2.
Total.........	10. 3. »	3. 14. 8.	1. 10. 10.	» 19. 11.
Edit d'Août 1781. 10 f. p. l.........	5. 1. 6.	1. 16. 9.	» 11. 5.	» 9. 11½
Total général....	15. 4. 6.	5. 9. 3.	2. 0. 3.	1. 9. 10½

BOURGS DE CHAMBOIS, RASNE ET SURVIE.

NATURE DES DROITS, & Réglemens qui les autorisent.	Eau-de-vie & Liqueur.	Vin ordinaire & de liqueur.	Cidre & Biere.	Poiré.
Ordonnance de 1680, tit. 4. art. 1. Anciens & nouveaux cinq sols....................	l. f. d. " " "	l. f. d. " 14. "	l. f. d. " " "	l. f. d. " " "
Idem. Tit. 24. art. 1. tit. 26. art. 3. tit. 27. art. 6. Subvention....................	5. 8. "	1. 7. "	" 15. 6.	" 6. 9.
Déclarations du Roi des 10 Octobre & 31 Décembre 1689. Jauge-Courtage...........	2. 5. "	" 15. "	" 9. "	" 9. "
Edit d'Octobre & Arrêt du Conseil du 29 Décembre 1705. Inspecteurs.............	1. 10. "	" 10. "	" 5. "	" 2. 6.
Total.........	9. 3. "	3. 6. "	1. 7. 6.	" 18. 3.
Edit d'Août 1781. Dix sols pour livre.........	4. 11. 6.	1. 13. "	" 13. 9.	" 9. 1½
Total général.....	13. 14. 6.	4. 19. "	2. 1. 3.	1. 7. 4½

OBSERVATION.

Les Nobles font exempts, pour leur confommation feulement, fur les Boiffons provenant de leur cru, & les Eccléfiaftiques fur celles du cru de leurs bénéfices, les premiers, de la fubvention, les feconds, de la fubvention, des nouveaux 5 fols, de la Jauge-Courtage & des droits réfervés, en fe conformant aux formalités prefcrites par les Réglemens.

Droit de 6 l. 15 f. fur l'EAU-DE-VIE DE VIN, par muid de 144 pots.

Ordonnance de 1680. tit. 26. art. premier. . . . . 6 l. 15 f. " d.
Edit d'Août 1781. Dix fols pour livre. . . . . 3. 7. 6.

Total . . . . . . 10. 2. 6.

Nota. Le droit de 6 l. 15 f. eft dû fur l'Eau-de-vie de Vin à l'entrée des lieux fujets, & à l'arrivée dans les lieux non fujets, lorfqu'il n'eft pas juftifié qu'il a été acquitté en route, ou aux premiers Bureaux de paffage. Edit de Décembre 1686, & Lettres Patentes du 28 Juin 1722.

L'EAU-DE-VIE RECTIFIÉE & L'ESPRIT-DE-VIN font affujettis par la Déclaration du Roi du 9 Déc. 1687, à payer, fçavoir : l'Eau-de-vie rectifiée, le double, & l'Efprit-de-vin le triple des droits de 6 l. 15 f. & de la Subvention, & ces Liqueurs paient les autres droits comme l'Eau-de-vie fimple.

Droit de CONTRÔLE fur la BIERE, par muid de 144 pots.

Ordonnance de 1680. tit. 27. art. premier . . . . 1 l. 10 f. " d.
Edit d'Août 1781. Dix fols pour livre. . . . . " 15. "

Total . . . . 2. 5. "

Le droit de Contrôle fur la Biere eft dû dans les Brafferies en tous les lieux où elle eft façonnée, Ordonnance ci-deffus citée.

Droits dûs à la sortie du Royaume, sur le *V I N*, par muid de 144 pots.

Ordonnance de 1680, tit. 4. art. 16 Anciens & nouveaux 5 fols . . . # l. 14 f. # d.
Édit d'Août 1781, 10 fols pour livre . . . . # 7. #

                      Total . . . . . . 1. 1. #

Nota. Il se perçoit à la sortie du Royaume, des droits de Jauge-Courtage sur le vin & l'eau-de-vie, avec les dix fols pour livre ; mais ils ont été réunis à la ferme générale.

Droits de *G R O S*, par muid de 144 pots.

Par l'Arrêt du Conseil du 13 Mars 1753, le vin destiné pour être consommé dans la Province de Normandie étant exempt des droits de gros au passage, ces droits sont dûs lorsqu'il s'enleve de Normandie pour aller à l'Etranger, ou dans une autre Province : ils consistent dans le vingtiéme du prix de la vente, l'augmentation de 16 f. 3 d. & le droit de courtage de 10 f. par muid.

Exemple pour du vin vendu 150 liv. le muid.

                                       l. f. d.
Gros ou vingtiéme du prix de la vente. . . . . 7. 10. #   l. f. d.
Augmentation. . . . . # 16. 3. 8. 16. 3.   l. f. d.
Courtage. # 10. #   13. 4. 4½
Édit d'Août 1781, 10 fols pour livre 4. 8. 1½

Droits de Courtiers-Jaugeurs dûs à la vente & revente des *BOISSONS* dans toute l'étendue de la Direction, excepté la ville d'*ARGENTAN*.

BOISSONS.	NATURE DES DROITS, & Réglemens qui les autorisent.	Ier. Enlevement. Quantité des droits.	Ier. Enlevement. Total.	IIe. Enlevement. Quantité des droits.	IIe. Enlevement. Total.
		l. f. d.	l. f. d.	l. f. d.	l. f. d.
Eau-de-vie par baril de 28 à 29 veltes.	Tarif du 16 Oct. 1696. Courtiers-Jaugeurs	# 18. #	1. 7. #	# 10. #	# 15. #
	Édit d'août 1781, dix fols pour livre	# 9. #		# 5. #	
Liqueur par muid de 144 pots.	Tarif du 16 Oct. 1696. Courtiers-Jaugeurs	1. 18. #	1. 17. #	1. 10. #	2. 5. #
	Édit d'août 1781, 10 fols pour livre	# 19. #		# 15. #	
Vin par muid ou demi-queue.	Tarif du 16 Oct. 1696. Courtiers-Jaugeurs	# 9. #	# 13. 6.	# 5. #	# 7. 6.
	Édit d'août 1781, 10 fols pour livre	# 4. 6.		# 2. 6.	
Cidre, Poiré & Biere par muid de 144 pots.	Tarif du 16 Oct. 1696. Courtiers-Jaugeurs	# 4. 6.	# 6. 9.	# 2. 6.	# 3. 9.
	Édit d'août 1781, 10 fols pour livre	# 2. 3.		# 1. 3.	

Droits dûs à la vente & revente des BOISSONS, dans la Ville

D'ARGENTAN.

BOIS-SONS.	Nature des Droits, & Réglemens qui les autorisent.	Ier. Enlévement.		IIe. Enlévement.	
		Quotité des droits.	Total.	Quotité des droits.	Total.
		l. f. d.	l. f. d. l. f. d.	l. f. d.	l. f. d. l. f. d.
Eau-de-vie par baril de 18 à 19 veltes.	Tarif de 1696. Court. Jaugeurs	....	# 18. # }	....	# 10. # }
	Edit d'août 1781, 10 fols pour livre.......	....	# 9. # } 1. 7. #	....	# 5. # } # 15. #
Liqueur par muid.	Tarif de 1696. Court. Jaugeurs	....	1. 18. # }	....	1. 10. # }
	Edit d'août 1781, 10 fols pour livre.......	....	# 19. # } 2. 17. #	....	# 15. # } 2. 5. #
Vin par muid ou demi-queue.	Tarif de 1696. Court. Jaugeurs..............	# 9. # }		# 5. # }	
	Ordon. de 1681. tit. 3. premiere moitié d'octroi	# 7. 6. } # 16. 6.		# 7. 6. } # 12. 6.	
	Edit d'août 1781, 10 fols pour livre........	.... # 8. 3. }	1. 4. 9.	.... # 6. 3. }	# 18. 9.
Biere, Cidre & Poiré par muid.	Tarif de 1696. Court. Jaugeurs..............	# 4. 6. }		# 1. 6. }	
	Ordon. de 1681. tit. 3. premiere moitié d'octroi	# 1. 10½ } # 6. 4½		# 1. 10½ } # 4. 4½	
	Edit d'août 1781, 10 fols pour livre........	.... # 1. 2¼ }	# 9. 6¼	.... # 2. 2¼ }	# 6. 6¼

Droits dûs à la vente en détail des BOISSONS, par muid de 144 pots, dans toute l'étendue de la Direction D'ARGENTAN.

NATURE DES DROITS, & Réglemens qui les autorisent.	Eau-de-vie à 3 l. le pot.	Vin à 1 f. la pinte.	Cidre à 6 den. la pinte.	Poiré à 6 den. la pinte.	Biere à 12 fols le pot.
	l. f. d.	l. f. d.	l. f. d.	l. f. d.	l. f. d.
Le quatriéme sur l'eau-de-vie est le tiers du prix de la vente. Édit de Décembre 1686, ci....................	144. # #	# # #	# # #	# # #	# # #
Le quatriéme sur les vin, cidre & poiré, est réduit au cinquiéme. Ordonnance de 1680, tit. 14 art. 1 & 2....	# # #	3.18. #	1.18. #	1.18. #	# # #
Le quatriéme sur la biere, est le quart du prix de la vente, avec parsis, sol & six deniers. Ordonnance de 1680, tit. 17. art. 6, ci..........	....	....	....	....	29. 2. 3.
Edit d'Août 1781, 10 sols pour livre modérés à 8 sols, par décision du 19 dudit mois................	57.12. #	1.11. 2½	# 15. 2¼	# 15. 2¼	11.12.6.
Total........	201.11.#	5. 9. 2¼	2.13. 2¼	2.13. 2¼	40.11.9.
Subvention à la consommation, tit. 16 art. 3 de l'Ordonnance de 1680. pour l'eau-de-vie, tit. 23 art. 1. & 2. pour les vins, cidre & poiré, & tit. 17 art. 6 pour la biere..........	5. 8.#	1. 7. #	# 13. 6.	# 6. 9.	# 13.6.
Déclaration du Roi du 10 Octobre 1689. Jauge-Courtage..........	2. 5.#	# 15. #	# 9. #	# 9. #	# 9. #
Total........	7.13.#	2. 2. #	1. 2. 6.	# 15. 9.	1. 2.6.
Edit d'Août 1781. 10 sols pour livre.	3.16.6.	1. 1. #	# 11. 3.	# 7. 10½	# 11.3.
Total de la Subvention, Jauge-Courtage & 10 sols pour livre..........	11. 9.6	3. 3. #	1.13. 9.	1. 3. 7½	1.13.9.
Rapport du quatriéme & 8 f. p. l....	201.12.#	5. 9. 2¼	2.13. 2¼	7.13. 2¼	40.13.9.
Total général...	213. 1.6	8.12. 2¼	4. 6.11½	3.16. 9¾	42. 7.6.

Nota. Lorfque le vin est vendu plus d'un sol la pinte, les droits de quatriéme sont augmentés à raison de 3 l. 18 f. pour chaque sol; & lorfque les cidre & poiré sont auss vendus plus de six deniers la pinte, ces droits sont augmentés à raison de 6 d. par chaque denier. Articles ci-dessus cités.

Il est encore à observer que le droit de Jauge-Courtage au détail, ne se perçoit dans aucun des lieux ou il a été payé à l'entrée.

Droits dûs à la vente en détail des BOISSONS*, dans la Ville* D'ARGENTAN*, par muid de 144 pots.*

NATURE DES DROITS, & Réglemens qui les autorisent.	Eau-de-vie à 3 l. le pot.	Vin à 1 f. la pinte.	Cidre à 6 deniers la pinte.	Poiré à 6 den. la pinte.	Biere à 11 fols le pot.
	l. f. d.	l. f. d.	l. f. d.	l. f. d.	l. f. d.
Quatriéme , dont les autorités font relatées au Tableau précédent……	144. # #	3.18. #	1.18. #	1.18. #	29. 1. 3.
Edit d'Août 1781. 10 fols pour liv. modérés à 8 fols, par décision du 29 dudit mois…………	57.12. #	1.11.1¼	#.15. 2¼	#.15. 2¼	11.12. 6.
Total………	201.12. #	5. 9.1¼	2.13. 2¼	2.13. 2¼	42.11. 9.
Subvention à la confommation, dont les autorités font relatées au Tableau précédent…………	5. 8. #	1. 7. #	#.13. 6.	#. 6. 9.	#. 13. 6.
Ordonnance de 1681. tit. 3. art. 1 Premiere moitié d'octroi…………	# # #	3. 4. #	1. #. 5.	1. #. 5.	1. #. 5.
Total………	5. 8. #	4.11. #	1.13.11.	1. 7. 2.	1.13.11.
Edit d'Août 1781. 10 fols pour livre	2.14. #	2. 5.6.	#16.11¼	#11. 7	# 16.11¼
Total………	8. 2. #	6.16.6.	2.10.10¼	2. #. 9.	2.10.10¼
Rapport du 4e. & 8 f. pour liv. ci-deffus	201.12. #	5. 9.2¼	2.11. 2¼	2.13. 2¼	42.13. 9.
Total général…	209.14. #	12. 5.8¼	5. 4. #¼	4.13.11¼	45. 4. 7¼

Les droits de détail expliqués dans le tarif ci-deffus, font également dûs, fur les boiffons arrivant & tranfportées en bouteilles & autres vaiffaux au-deffous de 72 pintes, mefure de Paris. Lettres-Patentes du 15 Mai 1728, aux exceptions y portées, & qui tombent fur le vin de liqueur venant en caiffes, les vins de Champagne gris arrivant en paniers de cent Bouteilles, en deftination pour la province. Les vins en paniers de cinquante bouteilles en deftination pour l'Etranger, & les vins en bouteilles pour la provifion des perfonnes qui vont aux eaux de Forges, & de celles qualifiées qui vont paffer quelques tems dans leurs terres : le tout en obfervant les formalités prefcrites par lefdites Lettres-Patentes.

Les eaux - de - vie tranfportées en barils au-deffous de foixante pintes, font auffi affujetties aux droits de détail. Lettres-patentes du 24 Août 1728 ; Ces droits font encore dûs par les Bouilleurs & Marchands en gros d'eau-de-vie, fur les manquants à leurs charges, déduction faite du vingt-uniéme pour vingt. Lettres-Patentes citées ci-deffus : & les foumiffionnaires d'eau-de-vie font affujettis au paiement du double defdits droits fur les eaux - de - vie, pour lefquelles ils ne rapportent pas, dans les trois mois, certificats d'arrivée. Lettres-Patentes des 7 Juin 1717 & 1 Mars 1728.

DROIT ANNUEL.

Dans les Villes…. { Ordonnance de 1680. tit. 29. art. 1…… 8 l. # f. # d. } 12 l. # f. # d.
{ Edit d'Août 1781, 10 fols pour livre.. 4 # # }

Dans les autres lieux…,……… { Ordonnance de 1680. tit. 29. art. 1…… 6. 10. # } 9. 15. #
{ Edit d'Août 1781, 10 fols pour livre.. 3. 5. # }

Ce droit eft dû par tous les Marchands en gros, Bouilleurs, Braffeurs, Cabaretiers, Taverniers & autres vendans en détail.

Les Détailleurs de Biere ne doivent que la moitié de l'Annuel. Ordonnance de 1680, tit. 29 art. 7.

Droits sur les BESTIAUX à l'entrée & au maſſacre.

VILLE D'ARGENTAN.

NATURE DES DROITS, & Réglemens qui les autoriſent.	Bœuf ou Vache.	Veau ou Geniſſe.	Mouton Brebis ou Chevre.	Porc.	Livre de viande.
	l. ſ. d.	l. ſ. d.	l. ſ. d.	l. ſ. d.	l. ſ. d.
Édit de Février 1704. Inſpecteurs....	1. // //	// 12. //	// 4. //	// // //	// // 2.
Édit d'Août 1781, 10 ſ. p. livre.....	1. // //	// 6. //	// 2. //	// // //	// // 1.
Déclaration du Roi du 3 Janv. 1759. Droits réſervés....................	1. // //	// 13. 4.	// 5. //	// 13. 4.	à proportion
Édit d'Août 1781, 10 ſ. pour livre modérés à 6 ſ. par déciſion du 29 dud. mois	// 12. //	// 4. //	// 1. 6.	// 4. //	idem.
Total..............	3. 12. //	1. 15. 4.	// 12. 6.	// 17. 4.	

BOURG D'ECOUCHÉ ET VIMONTIERS.

NATURE DES DROITS, & Réglemens qui les autoriſent.	Bœuf ou Vache.	Veau ou Geniſſe.	Mouton, Brebis ou Chevre.	Porc.	Livre de viande.
	l. ſ. d.	l. ſ. d.	l. ſ. d.	l. ſ. d.	l. ſ. d.
Édit de Février 1704. Inſpecteurs....	1. // //	// 12. //	// 4. //	....	// // 2.
Édit d'Août 1781, 10 ſ. p. livre.....	1. // //	// 6. //	// 2. //	....	// // 1.
Déclaration du Roi du 3 Janv. 1759. Droits réſervés....................	1. 10. //	// 10. //	// 3. 6.	// 10. //	à proportion
Édit d'Août 1781, 10 ſ. pour livre modérés à 6 ſ. par déciſion du 29 dud. mois	// 9. //	// 1. //	// 1. 1½	// 3. //	idem.
Total..............	4. 19. //	1. 11. //	// 12. 6½	// 13. //	

BOURGS DE TRUN ET CAROUGES.

NATURE DES DROITS, & Réglemens qui les autoriſent.	Bœuf ou Vache.	Veau ou Geniſſe.	Mouton, Brebis ou Chevre.	Porc.	Livre de viande.
	l. ſ. d.	l. ſ. d.	l. ſ. d.	l. ſ. d.	l. ſ. d.
Édit de Février 1704. Inſpecteurs....	2. // //	// 12. //	// 4. //	....	// // 2.
Édit d'Août 1781, 10 ſ. pour livre.....	1. // //	// 6. //	// 2. //	....	// // 1.
Déclaration du Roi du 3 Janv. 1759. Droits réſervés....................	1. // //	// 6. 8.	// 3. //	// 6. 8.	à proportion
Édit d'Août 1781, dix ſ. pour livre modérés à 6 ſ. par déciſion du 29 dud. mois	// 6. //	// 2. //	// // 10½	// 2. //	idem.
Total..............	4. 6. //	1. 6. 8.	// 9. 10½	// 8. 8.	

Droits dûs sur les BESTIAUX,
Dans les BOURGS DE CHAMBOIS, RASNES, EXMES & SURVIE, *A l'entrée & au massacre; dans les Campagnes, par les Bouchers-Maîtres & Fils de Maîtres, avant l'abbatis, & par tous les autres Bouchers, à la vente hors domicile.*

Nature des Droits, & Réglemens qui les autorisent.	Bœuf ou Vache.	Veau ou Genisse.	Mouton Brebis ou Chevre.	Livre de viande
	l. f. d.	l. f. d.	l. f. d.	l. f. d.
Edit de Février 1704. Inspecteurs............	1. » »	» 12. »	» 4. »	» » 1.
Edit d'Août 1781, 10 fols pour livre..........	1. » »	» 6. »	» 2. »	» » 1.
Total.........	2. » »	» 18. »	» 6. »	» » 2.

Droits dûs fur les BOIS & FOIN, dans la ville D'ARGENTAN.

NATURE DES DROITS, & Réglemens qui les autorisent.	Voiture à un Cheval.	Voiture à deux Chevaux	Voiture à trois Chevaux	Somme de Cheval.	Somme d'Ane.
	l. f. d.	l. f. d.	l. f. d.	l. f. d.	l. f. d.
Déclaration du Roi du 3 Janvier 1759 & Arrêt du Conseil du 13 Sept. 1756. Droits réservés................	» 5. »	» 7. 6.	» 12. »	» 1. »	» » 6.
Edit d'Août 1781, 10 fols pour livre modérés à 6 fols, par décision du 29 dudit mois................	» 1. 6.	» 2. 3.	» 4. »	» » ¾	» » 1½
Total.........	» 6. 6.	» 9. 9.	» 16. »	» 1. ¾	» » 7½

Au-dessus de trois Chevaux, chaque Cheval augmente le droit à proportion; Et il n'y a de Bois exempts, que ceux désignés dans les Lettres-Patentes du 4 Août 1779, & qui sont les bourées & fagots fans paremens, de ronces, épines, prunes, &c.

Droits fur les HUILES à la fabrication.

REGLEMENS.	NATURE DES HUILES.	Principal	10 f. pour livre.	Total.
		l. f. d.	l. f. d.	l. f. d.
Déclaration du Roi de 1726. Edit du Roi du mois d'Août 1781, pour le doublement & les 10 fols pour livre.	Par livre pefant d'huile de poisson, d'olive, d'amende, de noix & autres fruits................	» 1. »	» » 6.	» 1. 6.
	Par livre d'huile de thérébentine, lin, chenevis, rabette, navette, & autres graines................	» » 6.	» » 3.	» » 9.
	Par livre d'huile d'effence, & autres de plus grande valeur que celles fujettes au droit d'un fol................	» 2. »	» 1. »	» 3. »
	Si le droit principal est de plus de 3 liv. il est payé pour l'acquit................	» 5. »	» 2. 6.	» 7. 6.
	S'il n'est que de 3 liv., & de moindre fomme jusqu'à 10 fols inclufivement, ce droit d'acquit est de................	» 2. »	» 1. »	» 3. »

Nota. Le droit d'acquit n'a pas lieu, lorsque le droit principal est au-dessous de vingt fols.

Droits sur les CUIRS & PEAUX, établis par Edit du mois d'Août 1759, Arrêts du Conseil des 28 Juin & 13 Novembre 1760, sujets aux dix sols pour livre de l'Edit d'Août 1781.

OBJETS SUJETS AUX DROITS.	CUIRS ET PEAUX à la fabrication.			CUIRS ET PEAUX à l'exportation.			Cuirs & Peaux à l'importation.
	Principal.	10 f. pour l.	Total.	Principal.	10 f. p. l.	Total.	
Sur les Cuirs & Peaux de Bœufs, & Vaches à fort & à œuvre, Veaux, Moutons, Agneaux, Chevreaux, Porcs & Sangliers tannés & aprêtés, en toutes sortes d'aprêt, la livre pesant	l. f. d. # 2. #	l. f. d. # 1. #	l. f. d. # 3. #				10 p. ½ de leur val. & 10 f. p. l.
Chevaux, Mulets, Anes, *idem*	# 1. #	# # 6.	# 1. 6.				
Cerfs, Elans, Orignaux, *idem*	# 6. #	# 3. #	# 9. #				
Boucs & Chevres, *idem*,	# 4. #	# 2. #	# 6. #				
Chamois, Dains & Chevreuils, *idem*	# 10. #	# 5. #	# 15. #				
Toutes Peaux non dénommées ci-dessus	10 p. ½ de leur val.						
Cuirs de Bœufs & Vaches en verd, en demi-aprêt, passant à l'étranger, la pièce				l. f. d. 6. # #	l. f. d. 3. # #	l. f. d. 9. # #	
Peaux de Veaux *idem*. la pièce				1. # #	# 10. #	1. 10. #	
Peaux de Moutons *idem*. la pièce				# 10. #	# 5. #	# 15. #	

Nota. Les deux tiers du principal des droits perçus sur les Cuirs aprêtés, sont remboursés, lorsque lesdits Cuirs passent à l'Etranger, en remplissant les formalités prescrites par les Réglemens.

Droits sur la MARQUE D'OR & D'ARGENT.

RÉGLEMENS.	OBJETS SUJETS AUX DROITS.	Principal	10 f. p. l.	Total.
Ordonnance de 1681. tit. 1. art. 1. & Edit de Mai 1721, pour le principal.	Or, par marc	l. f. d. 33. 12. #	l. f. d. 16. 16. #	l. f. d. 50. 8. #
Edit d'Août 1781, pour les 10 f. pour livre.	Argent, par marc	2. 16. #	1. 8. #	4. 4. #

Droits sur l'AMIDON.

RÉGLEMENS.	Amidon à la fabrication, par muid de 144 pots.	Amidon & Poudre venant de l'étranger, par livre pesant.
Edit de 1771, & Arrêt du Conseil du 10 Décembre 1778.................... Edit d'Août 1781, dix sols pour livre.........	7 l. 10 f. » d. 3. 15. »	» l. 4 f. » d. » 2. »
Total....................	11. 5. »	» 6. »

OFFICES SUPPRIMÉS.

Noms des Lieux.	NATURE DES DROITS, & Réglemens qui les autorisent.	Par le fétau de froment, feigle & méteil, mefure de Paris.	Par boiffeau d'orge, poix, veffes & autres menues graines.
Bourg de CAROUGE.	Edit de Janvier 1697. Droit de mefurage de grains..............	l. f. d. » » 2.	l. f. d. » » 1.

Droits fur le TIMBRE DES QUITTANCES pour la Régie & pour les parties Etrangeres.

Ordonnance de 1680, tit. 33. Déclaration de 1690. Edit de 1748. Déclaration de 1771, & Lettres-Patentes de 1780. Par quittance de 5 f. & au-deffus. .... » l. » f. 10 d.

Edit d'Août 1781, 10 f. pour livre..................... » » 5.

Total............ » 1. 3.

Nota. Les frais de Timbre pour les Congés & Expéditions, qui ne font point des quittances de droits, font dûs. Ordonnance de Juillet 1781, tit. commun art. 16. Déclaration de 1771 & Lettres-Patentes de 1780. art. 10.

OBSERVATION GÉNÉRALE.

Tous les articles de droits qui, payés féparément, ne forment pas une fomme de fix deniers, ne doivent pas de fols pour livre.

Dénomination des parties étrangeres à la Régie, dont les dix fols pour livre font dûs au Roi fur le principal des droits.

NOMS DES LIEUX.	NATURE DES DROITS.
Argentan...........	Deuxiéme moitié d'Octroi.

De l'Imprimerie de P. M. DELAGUETTE, rue de la Vieille - Draperie. 1782.

GÉNÉRALITÉ D'ALENÇON.

TARIF

DES DROITS DÉPENDANS DE LA RÉGIE GÉNÉRALE,

Dûs dans la Direction DE BERNAY.

BOISSONS.

DROITS dûs à l'Entrée & au Braffage fur les Boiffons par muid de 144 pots.

VILLE DE BERNAY.

Nature des Droits & Réglemens qui les autorifent.	Eau-de-vie & Liqueur.	Vin de Liqueur.	Vin ordinaire.	Cidre.	Biere.	Poiré.
Ordonnance de 1680. tit. 4. art. Ier. Anciens & nouveaux 5 fols	n. n. n	n. 14. n	n. 14. n	n. n. n	n. n. n	n. n
Ord. de 1680, tit. 24. art. Ier. tit. 26. art. 3. tit. 27. art. 6. Subv. . . .	5. 8. n	1. 7. n	1. 7. n	13. 6.	13. 6.	6. 9.
Déclarat. des 10 Oct. & 31 Décemb. 1689, Jauge & Courtage	2. 5. n	15. n	15. n	9. n	9. n	9. n
Edit d'Oct. & Arrêt du Conseil du 29 Décembre 1705. Inspecteurs . . .	1. 10. n	10. n	10. n	5. n	5. n	2. 6.
Lettres-Pat. du 1 Août 1777. Octrois Municipaux	n. n. n	1. n	1. n	9. n	n. n	5. 6.
TOTAL . . .	9. 3. n	4. 6. n	4. 6. n	1. 17. n	1. 7. 6.	1. 3. 9.
Edit d'Août 1781. Dix fols pour liv.	4. 11. 6.	2. 3. n	2. 3. n	18. 6.	13. 9.	11. 10½
Déclar. du 3 Janvier 1759. Droits réfervés	14. 8. n	6. n	1. 10. n	10. n	10. n	5. n
Edit d'Août 1781. Dix fols pour liv., modérés à 6 fols par décifion du 29 dud. mois	4. 6. 4⅘	1. 16. n	9. n	3. 1.	3. n	1. 6.
TOTAL général	32. 8. 10⅘	14. 5. n	8. 8. 6.	3. 8. 6.	2. 14. 3.	2. 2. 1½

Bourgs DE BROGLIE, LA FERTÉ-FRESNEL, GLOS & S. EVROULT.

Nature des Droits & Réglemens qui les autorisent.	Eau-de-vie & Liqueur.	Vin de Liqueur.	Vin ordinaire.	Cidre & Biere.	Poiré.
Ordonnance de 1680. tit. 4. art. 1er. Anciens & nouv. 5 sols. . . .	. . . .	n 14. n	n 14. n	. . . .	. . . .
Ord. de 1680. titre 24. art. 1er. tit. 26. art. 3. tit. 27. art. 6. Subvention.	5. 8. n	1. 7. n	1. 7. n	n 13. 6	n 6. 9
Déclar. du Roi des 10 Oct. & 31 Déc. 1689. Jauge & Courtage. . . .	2. 5. n	n 15. n	n 15. n	n 9. n	n 9. n
Edit d'Octobre & Arrêt du Conseil du 29 Décembre 1705. Inspecteurs.	1. 10. n	n 10. n	n 10. n	n 5. n	n 2. 6
TOTAL.	9. 3. n	3. 6. n	3. 6. n	1. 7. 6	n 18. 3
Edit d'Août 1781. Dix sols pour livre.	4. 11. 6	1. 13. n	1. 13. n	n 13. 9	n 9. 1½
Décl. du 3 Janv. 1759. Droits réservés.	14. 8. n	6. n n	1. n n	n 10. n	n 5. n
Edit d'Août 1781. Dix sols pour livre, modérés à 6 sols par décision du 29 dudit. . . .	4. 6. 4½	1. 16. n	n 6. 6	n 3. n	n 1. 6
TOTAL général. . .	32. 8. 10¾	13. 15. n	6. 5. n	2. 14. 3	1. 13. 10½

Bourgs DE MONTREUIL, CERNIERES & LARIVIERE THIBOUVILLE.

Nature des Droits & Réglemens qui les autorisent.	Eau-de-vie & Liqueur.	Vin ordinaire & de Liqueur.	Cidre & Biere.	Poiré.
Ordonn. de 1680. tit. 4. art. 1er. Anciens & nouveaux cinq sols. . . .	. . . .	n 14. n	. . . .	. . . .
Ordonn. de 1680. tit. 24. art. 1er. tit. 26. art. 3. tit. 27. art. 6. Subvention. . . .	5. 8. n	1. 7. n	n 13. 6	n 6. 9
Déclar. des 10 Oct. & 31 Déc. 1689. Jauge & Courtage. . . .	2. 5. n	n 15. n	n 8. n	n 9. n
Edit d'Octobre & Arrêt du Conseil du 29 Décembre 1705. Inspecteurs. . . .	1. 10. n	n 10. n	n 5. n	n 2. 6
TOTAL. . . .	9. 3. n	3. 6. n	1. 7. 6	n 18. 3
Edit d'Août 1781. Dix sols pour livre. . .	4. 11. 6	1. 13. n	n 13. 9	n 9. 1½
TOTAL général. . . .	13. 14. 6	4. 19. n	2. 1. 3	1. 7. 4½

OBSERVATIONS.

Les Nobles sont exempts, pour leur consommation seulement, sur les boissons provenant de leur cru & les Ecclésiastiques sur celles du cru de leurs Bénéfices, les premiers de la subvention, & les seconds de la subvention, des nouveaux cinq sols, de la Jauge & Courtage, & des Droits réservés; en remplissant les formalités prescrites par les Réglemens.

DROIT de 6 liv. 15 sols sur l'Eau-de-vie de Vin par muid de 144 pots.

Ordonnance de 1680, tit. 26, art. 1er. . . .	6.	15.	n
Edit d'Août 1781, dix sols pour livre. . .	3.	7.	6.
TOTAL. . . .	10.	2.	6.

Nota. Le Droit de 6 liv. 15 sols est dû sur l'Eau-de-vie de vin à l'Entrée des lieux sujets,

& à l'arrivée dans les lieux non sujets, lorsqu'il n'est pas justifié qu'il a été acquitté en route ou aux premiers Bureaux de passage. Edit de Décembre 1686, & Lettres-Pat. du 28 Juin 1722.

L'Eau-de-vie rectifiée & l'Esprit-de-vin sont assujettis, par la Déclaration du Roi du 9 Déc. 1687, à payer, savoir : l'Eau-de-vie rectifiée, le double, l'Esprit-de-vin, le triple des Droits de 6 liv. 15 sols, & de la Subvention, & ces Liqueurs payent les autres Droits comme l'Eau-de-vie simple.

Droit de Contrôle sur la Biere par muid de 144 pots.

	l.	s.	d.
Ordonnance de 1680. titre 27, art. 1er.	1.	10.	"
Edit d'Août 1781. Dix sols pour livre.	"	15.	"
TOTAL	2.	5.	"

Le Droit de Contrôle sur la Biere est dû dans les Brasseries en tous les lieux où elle est façonnée. Ordonnance ci-dessus citée.

DROITS dûs à la sortie du Royaume sur le Vin par muid de 144 pots.

	l.	s.	d.
Ordonnance de 1680, titre 4. art. 16. Anciens & nouveaux 5 sols. . .	"	14.	"
Edit d'Août 1781, dix sols pour livre.	"	7.	"
TOTAL	1.	1.	"

Nota. Il se perçoit aussi à la sortie du Royaume des Droits de Jauge & Courtage, sur le Vin & l'Eau-de-vie, avec les 10 sols pour liv., mais ils ont été réunis à la Ferme Générale.

DROITS DE GROS par muid de 144 pots.

Par l'Arrêt du Conseil du 13 Mars 1753, le vin destiné pour être consommé dans la Province de Normandie, étant exempt des Droits de Gros au passage, ces Droits sont dûs lorsqu'il s'enleve de Normandie pour aller à l'Etranger, ou dans une autre Province. Ils consistent dans le vingtieme du prix de la vente, l'augmentation de 16 s. 3 d., & le Droit de Courtage de 10 s. par muid.

Exemple pour du vin vendu 150 liv. le muid.

	l.	s.	d.		l.	s.	d.		l.	s.	d.
Gros, ou vingtieme du prix de la vente.	7	10.	"								
Augmentation.	"	16.	3.	}	8.	16.	3.	}			
Courtage.	"	10.	"					}	13.	4.	4. ½
Edit d'Août 1781, dix sols pour livre.	4.	8.	1 ½								

DROITS de Courtiers-Jaugeurs dus à la vente & revente des Boissons, dans toute l'étendue de la Direction.

Nature des Boissons.	Réglemens qui autorisent la perception & nature des Droits.	Ier. Enlevement.		IIe. Enlevement.	
		Quantité des Droits.	Total.	Quotité de Droits.	Total.
Eau-de-vie par baril de 28 à 29 veltes.	Tarif du 16 Octobre 1696, Courtiers-Jaugeurs. . .	" 18. "	} 1. 7. "	" 10. "	} " 15. "
	Edit d'Août 1781, dix sols pour liv.	" 9. "		" 5. "	
Liqueurs, par muid de 144 pots.	Tarif du 16 Octobre 1696, Courtiers-Jaugeurs.	1. 18. "	} 2. 17. "	1. 10. "	} 2. 5. "
	Edit d'Août 1781, dix sols pour liv.	" 19. "		" 15. "	
Vin, par muid ou demi-queue.	Tarif de 16 Octobre 1696, Courtiers-Jaugeurs.	" 9. "	} 13. 6.	" 5. "	} " 7. 6.
	Edit d'Août 1781, dix sols pour liv.	" 4. 6.		" 2. 6.	
Biere, Cidre & Poiré, par muid de 144 pots.	Tarif de 16 Octobre 1698, Courtiers-Jaugeurs.	" 4. 6.	} " 6. 9.	" 2. 6.	} " 3. 9.
	Edit d'Août 1781, dix sols pour liv.	" 2. 3.		" 1. 3.	

DROITS dûs à la vente en détail des Boissons dans toute l'étendue de la Direction, par muid de 144 pots.

Nature des Droits & Réglemens qui les autorisent.	Eau-de-vie à 3 livres le pot.	Vin à 1 sol la pinte.	Cidre à 6 deniers la pinte.	Poiré à 6 deniers la pinte.	Biere à 12 sols le pot.
Le Quatrieme sur l'Eau-de-vie, est le tiers du prix de la vente. Edit de Déc. 1686.	144. // //	// // //	// // //	// // //	// // //
Le Quatrieme sur les Vin, Cidre & Poiré, est réduit au 5e. Ordon. de 1680. tit. 14. art. 1er. & 2. . .	// // //	3.18. //	1.18. //	1.18. //	// // //
Le Quatrieme sur la Biere, est le quart du prix de la vente, avec le Paulis, sol & six deniers, Ord. de 1680, tit. 27, art. 6. . . .	// // //	// // //	// // //	// // //	29. 1. 3.
Edit d'Août 1781. Dix sols pour liv. mod. à huit sols par déc. du 19 dud.	57.12. //	1.11. 2¾	// 15. 2½	// 15. 2¾	11.12. 6.
TOTAL . . .	201.13. //	5. 9. 2¾	2.13. 2½	2.13. 2¼	40.13. 6.
Subv. à la consommation. Ord. de 1680. tit. 16. art. 3., pour l'Eau-de-vie; tit. 23. art. 3., pour les Vin, Cidre & Poiré, & tit. 27. art. 6. pour la Biere.	5. 8. //	1. 7. //	// 13. 6.	// 6. 9.	// 13. 6.
Jauge & Courtage. Déclaration du 10 Octobre 1689.	2. 5. //	// 15. //	// 9. //	// 9. //	// 9. //
TOTAL . . .	7.13. //	2. 2. //	1. 2. 6.	// 15. 9.	1. 2. 6.
Edit d'Août 1781. Dix s. pour liv.	3.16.6.	1. 1. //	// 11. 3.	// 7.10½	// 11. 3.
TOTAL de la subvention, Jauge & Courtage, & 10 s. pour livre	11. 9.6.	3. 3. //	1.13. 9.	1. 3. 7½	1.13. 9.
Rapport du 4e. & 8 s. pour livre.	201.12. //	5. 9. 2¾	1.11. 2¾	1.13. 2½	40.13. 9.
TOTAL général. . .	513. 1.6.	8.12. 2⅔	4. 6.11½	3.16. 9 8/10	42. 7. 6.

Lorsque le Vin est vendu plus d'un sol la pinte, les Droits de 4me sont augmentés à raison de 3 livres 18 sols par chaque sol; & lorsque les Cidres & Poirés sont aussi vendus plus de 6 den. la pinte, ces Droits sont augmentés à raison de 6 sols par chaque denier, articles ci-dessus cités.

Il est encore à observer que le Droit de Jauge & Courtage au détail, ne se perçoit dans aucun des lieux où il a été payé à l'entrée.

DROITS dûs à la vente en détail des Boissons, par muid 144 pots dans la Ville de Bernay.

Nature des Droits & Réglemens qui les autorisent.	Eau-de-vie à 3 liv. le pot.	Vin à un sol la pinte.	Cidre à 6 deniers la pinte.	Poiré à 6 deniers la pinte.	Biere à 12 sols le pot.
Subv. à la consomm. Ord. de 1680. tit. 16. art. 3. pour l'Eau-de-vie; tit. 23. art. 1er & 2 pour le Vin, Cidre & Poiré, & tit. 27. art. 6. pour la Biere.	5. 8. //	1. 7. //	// 13.6.	// 6.9.	// 13. 6.
Ordonn. de 1681. tit. 1. art. 1er. Première moitié d'Octroi. . .	. . . .	// 2. //	// // 5½	// // 5½	. . . .
TOTAL . . .	5. 8. //	1.10. //	// 13. 11½	// 7. 2½	// 13. 6.
Edit d'Août 1781. Dix s. pour liv.	2. 14. //	// 15. //	// 6. 11½	// 3. 7 2/14	// 6. 9.
Rapport des Droits de 4e. & 8 sols, dont les autorités sont relatées au Tableau précédent.	101.12. //	5. 9. 2¾	2.13. 2½	2.13. 2¼	45.13. 9.
TOTAL général.	100. 14. //	7. 14. 3½	3. 14. 1 10/12	2. 4. //½	41. 14. //

[5]

Les Droits de détail expliqués dans les Tableaux précédens sont également dûs sur les Boissons arrivant & transportées en bouteilles ou autres vaisseaux au-dessous de soixante-douze pintes, mesure de Paris. Lettres-Patentes du 25 Mai 1728, aux exceptions y portées, & qui tombent sur le Vin de liqueur venant en caisses, les Vins de Champagne gris arrivans en paniers de cent bouteilles, en destination pour la Province, les Vins en paniers de 50 bouteilles en destination pour l'Etranger, & les Vins en bouteilles pour la provision des Personnes qui vont aux Eaux de Forges, & de celles qualifiées qui vont quelques tems dans leurs terres ; le tout en se conformant aux formalités prescrites par lesdites Lettres-Patentes.

Les Eaux-de-vie transportées en barils, au-dessous de 60 pintes, sont aussi assujetties aux Droits de détail. Lettres-Patentes du 24 Août 1728. Ils sont encore dûs par les Bouilleurs & Marchands en gros d'Eau-de-vie, sur les manquans à leurs charges, déduction faite du 21e pot pour 20. Lettres-Patentes ci-devant citées.

Les Soumissionnaires d'Eau-de-vie sont assujettis au payement du double du Droit de Quatrieme sur les Eaux-de-vie pour lesquelles ils ne rapportent pas dans les trois mois Certificats d'arrivée. Lettres-Patentes du 7 Juin 1727, & 2 Mars 1728.

DROIT Annuel.

Dans les Villes . . . . { Ord. de 1680, tit. 29. art. Ier. Annuel . . . . 8 l. „ s. „ } 12. „ „
{ Edit d'Août 1781, dix sols pour livre . . . . 4 „ „ }

Dans les autres lieux . { Ord. de 1680, tit. 29. art. Ier. Annuel . . . . 6 10 „ } 9. 15. „
{ Edit d'Août 1781, dix sols pour livre . . . 3 5 „ }

Ce Droit est dû par tous les Marchands en gros, Bouilleurs, Brasseurs, Cabaretiers, Taverniers, & autres vendans en détail.

Les Détailleurs de Biere ne doivent que la moitié de l'annuel. Ord. de 1680. tit. 29. art. 7.

BESTIAUX.

DROITS sur les Bestiaux à l'Entrée & au Massacre.

VILLE DE BERNAY.

Nature des Droits & Réglemens qui les autorisent.	Bœuf ou Vache.	Veau ou Genisse.	Mouton, Brebis ou Chevre.	Porc.	Cheval Mulet ou Ane.	Livre de Viande.
Edit de Février 1704. Inspecteurs. Ord. de 1681. tit. 3. art. Ier.	2. „ „	„ 12. „	„ 4. „	. . . .	. . . .	„ „ 2.
Première moitié d'Octroi.	„ „ 5.	. . . .	„ „ 3.	„ „ 3.	„ „ 5.	à proportion.
TOTAL.	2. „ 5.	„ 12. „	„ 4. 3.	„ „ 3.	„ „ 5.	. . . .
Edit d'Août 1781. Dix sols pour livre.	1. „ 2½	„ 6. „	„ 2. 1½	„ „ 1½	„ „ 2½	. . . .
Déclaration du 3 Janv. 1759. Droits réservés.	2. „ „	„ 13. 4.	„ 5. „	„ 13. 4.	. . . .	à proportion.
Edit d'Août 1781. Dix sols pour livre, modérés à 6 f. par décision du 29 dud. mois.	„ 12. „	„ 4. „	„ 1. 6.	„ 4. „	. . . .	idem.
TOTAL général.	5. 12. 7½	1. 15. 4.	„ 12. 10½	„ 17. 8½	„ „ 7½	. . . .

Bourgs DE BROGLIE, LA FERTÉ-FRESNEL, GLOS & S. EVROULT.

Nature des Droits & Réglemens qui les autorisent.	Bœuf & Vache.	Veau & Genisse.	Mouton, Brebis & Chevre.	Porc.	Livre de Viande.
Edit de Février 1704. Inspecteurs. . .	2. n n	n 12. n	n 4. n	n n n	n n 2
Edit d'Août 1781. Dix sols pour livre.	1. n n	n 6. n	n 2. n	n n n	n n 1
Décl. du 3 Janv. 1759. Droits réservés.	1. n n	n 6. 8.	n 3. n	n 6. 8.	à proportion.
Edit d'Août 1781. Dix sols pour livre, modérés à 6 sols par décision du 29 du même mois. . .	n 6. n	n 2. n	n n 10 2/3	n 2. n	idem.
TOTAL général. . . .	4. 6. n	1. 6. 8.	n 9. 10 2/3	n 8. 8.	

DROITS dûs sur les Bestiaux dans les Bourgs de Montreuil, Cernieres, & la Riviere Thibouville, à l'Entrée & au Massacre, daus les Campagnes, par les Bouchers Maîtres & Fils de Maîtres, avant l'abbatis, & par tous les autres Bouchers, à la vente hors domicile.

Nature des Droits & Réglemens qui les autorisent.	Bœuf & Vache.	Veau & Genisse.	Mouton, Brebis & Chevre.	Livre de Viande.
Edit de Février 1704. Inspecteurs.	2. n n	n 12. n	n 4. n	n n 2.
Edit d'Août 1781. Dix sols pour livre. . . .	1. n n	n 6. n	n 2. n	n n 1.
TOTAL. . . .	3. n n	n 18. n	n 6. n	n n 3.

DROITS réservés sur les Bois & Foins, dans la Ville de Bernay.

Nature des Droits & Réglemens qui les autorisent.	Voiture à un Cheval.	Voiture à deux Chevaux.	Voiture à trois Chevaux.	Somme de Cheval.	Somme d'Ane.
Déclar. du 3 Janv. 1759, & Arrêt du Conseil du 13 Sept. 1776. Droits réservés. . .	n 5. n	n 7. 6.	n 10. n	n 1. n	n n 6.
Edit d'Août 1781. Dix sols pour liv., modérés à 6 sols par décision du 29 dudit mois. . .	n 1. 6.	n 2. 3.	n 3. n	n n 5 1/3	n n 1 4/5
TOTAL. . . .	n 6. 6.	n 9. 9.	n 13. n	n 1. 5 1/3	n n 7 4/5

Au-dessus de trois chevaux, chaque cheval augmente les Droits à proportion, & il n'y a de bois exempts que ceux désignés dans les Lettres-Patentes du 4 Août 1778, & qui sont les bourées & fagots sans paremens, de ronces, épines, puines, &c.

DROIT de premiere moitié d'Octroi dû sur les Denrées & Marchandises dans la Ville de Bernay.

Réglemens.	Objets sujets aux Droits.	Principal.	10 s. p. l.	Total.
Ord. de 1681. tit. 3. art. Ier. & Arr. de Cons. du 29 Janvier 1728, pour le principal.	Charretée entrante dans la Ville.	n n 6.	n n 3.	n n 9.
	Somme entrante.	n n 3.	n n 1 1/2	n n 4 1/2
	Chariot. . . .	n 1. n	n n 6.	n 1. 6.
	Cuir de Vache. . . .	n n 5.	n n 2 1/2	n n 7 1/2
Edit d'Août 1781 pour les 10 sols pour livre.	Cent de laine entrant & vendu à Bernay.	n 1. n	n n 6.	n 1. 8.
	Piece de toile faite & vendue à Bernay. . . .	n n 5.	n n 2 1/2	n n 7 1/2

DROITS sur les Huiles à la fabrication.

Réglemens.	Nature des Droits.	Principal	10 s. p. l	Total.
Décl. du Roi du 21 Mars 1716.	Par livre pesant d'Huile de Poissons, d'Olive, d'Amendes, de Noix & autres Fruits, ci	» 1. »	» » 6	» 1. 6.
	Par livre pesant d'Huile de Térébenthine, Lin, Chenevis, Rabette, Navette, & autres graines.	» » 6.	» » 3.	» » 9.
Edit d'Août 1781, pour le doublement des Droits & les 10 sols pour livre.	Par livre pesant d'Huile d'Essence, & autres de plus grande valeur que celles sujettes au droit d'un sol.	» 2. »	» 1. »	» 3. »
	Si le droit principal est de plus de 3 liv., il est dû pour l'acquit.	» 5. »	» 2. 6	» 7. 6.
	S'il n'est que de 3 liv., ou d'une moindre somme, jusqu'à 20 s. inclusivement, le droit d'acquit est de.	» 2. »	» 1. »	» 3. »

Nota. Le Droit d'acquit n'a pas lieu lorsque le principal est au-dessous de 20 sols.

DROITS sur les Cuirs & Peaux.

Réglemens.	Objets sujets aux Droits.	Cuirs & Peaux à la fabrication			Cuirs & Peaux à l'exportation			Cuirs & Peaux à l'importation.
		Principal	10 s. p. l	TOTAL.	Principal	10 s. p. l	TOTAL.	
Edit d'Août 1759, & Arrêts du Conseil des 18 Juin & 13 Novembre 1760, pour le principal.	Bœufs & Vaches à bord & à œuvre, Veaux, Moutons, Agneaux, Chevreaux, Porcs & Sangliers, tannés & apprêtés en toutes sortes d'apprêts par liv. pesant . . .	» 2. »	» 1. »	» 3. »	» » »	» » »	» » »	Dix pour 100 de leur valeur.
	Chevaux, Mulets & Anes, par liv. . .	» 1. »	» » 6.	» 1. 6.	» » »	» » »	» » »	
	Cerfs, Elans, Orignaux, par liv. .	» 6. »	» 3. »	» 9. »	» » »	» » »	» » »	
	Boucs & Chevres, par livre pesant. . .	» 4. »	» 2. »	» 6. »	» » »	» » »	» » »	
	Chamois, Daims & Chevreuils, par liv.	» 10. »	» 5. »	» 15. »	» » »	» » »	» » »	
Edit d'Août 1781, pour les 10 s. pour liv.	Toutes peaux non dénommées ci-dessus	Dix pour cent de leur valeur.						
	Cuirs de Bœufs & Vaches en verd, ou de mi-apprêt passant à l'Etranger, la pièce	.	.	.	6. » »	3. » »	9. » »	
	Peaux de Veaux, id. la pièce. . . .	.	.	.	1. » »	» 10. »	1. 10. »	
	Peaux de Moutons idem, la pièce. .	.	.	.	» 10. »	» 5. »	» 15. »	

Nota. Les deux tiers du principal des Droits perçus sur les Cuirs apprêtés sont rendus lorsque lesdits Cuirs passent à l'Etranger, en remplissant les formalités prescrites par les Réglemens.

DROITS sur la Marque d'Or & d'Argent.

Réglemens.	Objets sujets aux Droits	Principal.	10 f. p. liv.	Total.
Ord. de 1681, tit. 2. art. 1er. & Edit du mois de Mai 1723, pour le principal. Edit d'Août 1781, 10 sols pour liv.	Or, par marc.	33. 12. ″	16. 16. ″	50. 8. ″
	Argent, par marc.	2. 16. ″	1. 8. ″	4. 4. ″

DROITS sur l'Amidon, & Poudre à poudrer.

Nature des Droits & Réglemens qui les autorisent.	Amidon à la fabrication par moid de 144 pots.	Amidon & Poudre à poudrer venant de l'Etranger, par liv. pesant.
Edit de 1771, & Arr. du Conseil du 10 Décembre 1778. Principal.	7. 10. ″	″ 4. ″
Edit d'Août 1781. Dix sols pour livre. . . .	3. 15. ″	″ 2. ″
TOTAL. .	11. 5. ″	″ 6. ″

DROITS sur les Quittances timbrées pour la Régie & pour les parties étrangeres.

Ordonnance de 1680, tit. 33, Déclaration de 1690, Edit de 1748, Déclar. de 1771, & Lettres-Patentes de 1780, par Quittance de 5 sols, & au-dessus. ″ ″ 10 d.

Edit d'Août 1781. Dix sols pour livre. . . . . ″ ″ 5 d.

TOTAL. . . . ″ 1 f. 3 d.

Les Congés & Expéditions qui ne sont point des Quittances de Droits, doivent les frais de timbre. Ordonnance de 1681, tit. commun, art. 16. Déclaration de 1771, & Lettres-Pat. de 1780 art. 10.

Observation Générale.

Les articles de Droits qui, payés séparément, ne forment pas une somme de 6 den., ne doivent pas de sols pour livre.

Dénomination des parties étrangeres à la Régie, dont les 10 f. pour liv. sont dûs au Roi sur le principal des Droits.

NOMS DES LIEUX.	NATURE DES DROITS.
Ville DE BERNAY.	Deuxieme moitié d'Octroi.

GÉNÉRALITÉ D'ALENÇON.

TARIF
DES DROITS DÉPENDANS
DE LA RÉGIE GÉNÉRALE,
Dûs dans la Direction DE CONCHES.

BOISSONS.

DROITS dûs sur les Boissons, à l'Entrée & au Brassage, par muid de 144 pots.

Ville de Conches.

NATURE DES DROITS, & Réglemens qui les autorisent.	Eau de vie & Liqueur.	Vin de Liqueur.	Vin ordinaire.	Cidre.	Biere.	Poiré.
	# ß đ	# ß đ	# ß đ	# ß đ	# ß đ	# ß đ
Ord. de 1680, tit. 4, art. 1er, Anc. & Nouv. Cinq sols…	………	» 14 »	» 14 »			
Ord. de 1680, tit. 24, art. 1er. tit. 26, art. 3, tit. 27, art. 6, Subvention…	5 8 »	1 7 »	1 7 »	» 13 6	» 13 6	» 6 9
Déclarations des 10 Oct. & 31 Déc. 1689. Jauge Court…	2 5 »	» 15 »	» 15 »	» 9 »	» 9 »	» 9 »
Édit d'Oct. & Arret du Conseil du 29 Déc. 1705. Inspect…	1 10 »	» 10 »	» 10 »	» 5 »	» 5 »	» 2 6
Lett. patent. du 2 Août 1777. Octrois municipaux…	………	2 13 6	1 13 6	» 13 6	» » »	» 8 »
TOTAL…	9 3 »	5 19 6	5 19 6	2 1 »	1 7 6	1 6 3
Édit d'Août 1781. Dix sols pour livre…	4 11 6	2 19 9	2 19 9	1 » 6	» 13 9	» 13 1½
Déclaration du 3 Janv. 1759. Droits réservés…	14 8 »	6 » »	1 5 »	» 10 »	» 10 »	» 5 »
Édit d'Août 1781. Dix sols pour liv. modérés à Six sols par Décision du 29 dudit…	4 6 4¾	1 16 »	» 7 6	» 3 »	» 3 »	» 1 6
TOTAL GÉNÉRAL…	33 8 10½	16 15 3	10 11 9	5 12 6	2 14 3	2 5 10½

Bourg de Neufbourg.

NATURE DES DROITS, & Réglemens qui les autorisent.	Eau de vie & Liqueur.	Vin de Liqueur.	Vin ordinaire	Cidre & Biere.	Poiré.
Ordon. de 1680, tit. 4, art. 1er. Anciens & Nouveaux Cinq sols..............	.. .. ..	» 14 »	» 14 »		
Ord. de 1680, tit. 24, art. 1er. tit. 26, art. 3, tit. 27, art. 6. Subvention..	5 8 »	1 7 »	1 7 »	» 13 6	» 6 9
Déclar. des 10 Oct. & 31 Déc. 1685. Jauge-Courtage..................	2 5 »	» 15 »	» 15 »	» 9 »	» 9 »
Édit d'Oct. & Arrêt du Conseil du 29 Déc. 1705. Inspecteurs...........	1 10 »	» 10 »	» 10 »	» 5 »	» 2 6
Lettres-Pat. du 2 Août 1777. Octrois municipaux..................	1 » »	» 6 8	» 6 8	» 3 4	» 1 8
TOTAL......	10 3 »	3 12 8	3 12 8	1 10 10	» 19 11
Édit d'Août 1781. Dix sols pour liv.	5 1 6	1 16 4	1 16 4	» 15 1	» 9 11¼
Décl. du 3 Janv. 1759. Droits Réservés.	14 8 »	6 » »	1 5 »	» 10 »	» 5 »
Édit d'Août 1781. Dix sols pour liv. mod. à Six sols par Décision du 29 dud.	4 6 4¾	1 16 »	» 7 6	» 3 »	» 1 6
TOTAL GÉNÉRAL...	33 18 10½	13 5 »	7 1 6	2 19 3	1 16 4½

Bourgs de Beaumont & Breteuil.

NATURE DES DROITS, & Réglemens qui les autorisent.	Eau de vie & Liqueur.	Vin de Liqueur.	Vin ordinaire.	Cidre & Biere.	Poiré.
Ordon. de 1680, tit. 4, art. 1er. Anciens & Nouveaux Cinq sols..............	.. .. ..	» 14 »	» 14 »		
Ord. de 1680, tit. 24, art. 1er. tit. 26, art. 3, tit. 27, art. 6. Subvention..	5 8 »	1 7 »	1 7 »	» 13 6	» 6 9
Déclar. des 10 Oct. & 31 Déc. 1685. Jauge Courtage..................	2 5 »	» 15 »	» 15 »	» 9 »	» 9 »
Édit d'Oct. & Arrêt du Conseil du 29 Déc. 1705. Inspecteurs...........	1 10 »	» 10 »	» 10 »	» 5 »	» 2 6
Lettres-Pat. du 2 Août 1777. Octrois municipaux..................	2 » »	» 13 4	» 13 4	» 6 8	» 3 4
TOTAL......	11 3 »	3 19 4	3 19 4	1 14 2	1 1 7
Édit d'Août 1781. Dix sols pour liv.	5 11 6	1 19 8	1 19 8	» 17 1	» 10 9½
Décl. du 3 Janv. 1759. Droits Réservés.	14 8 »	6 » »	1 » »	» 10 »	» 5 »
Édit d'Août 1781. Dix sols pour liv. mod. à Six sols par Décision du 29 dud.	4 6 4¾	1 16 »	» 6 »	» 3 »	» 1 6
TOTAL GÉNÉRAL...	35 8 10½	13 15 »	7 5 »	3 4 3	1 18 10½

Bourgs de Damville & Rugles.

NATURE DES DROITS, & Réglemens qui les autorisent.	Eau de vie & Liqueur.	Vin de Liqueur.	Vin ordinaire.	Cidre & Biere.	Poiré.
Ordon. de 1680, tit. 4, art. 1er. Anciens & Nouveaux Cinq sols...........	......	» 14 »	» 14 »		
Ordon. de 1680, tit. 24, art. 1er. tit. 26, art. 3, tit. 27, art. 6. Subvention..	5 8 »	1 7 »	1 7 »	» 13 6	» 6 9
Déclar. des 10 Oct. & 31 Déc. 1689. Jauge-Courtage............	2 5 »	» 15 »	» 15 »	» 9 »	» 9 »
Édit d'Octobre & Arrêt du Conseil du 29 Déc. 1705, Inspecteurs........	1 10 »	» 10 »	» 10 »	» 5 »	» 2 6
Lettres-Pat. du 2 Août 1777. Octrois municipaux................	1 » »	» 6 8	» 6 8	» 3 4	» 1 8
TOTAL....	10 3 »	3 12 8	3 12 8	1 10 10	» 19 11
Édit d'Août 1781. Dix sols pour livre.	5 1 6	1 16 4	1 16 4	» 15 5	» 9 11½
Décl. du 3 Janv. 1759. Droits Réservés.	14 8 »	6 » »	1 » »	» 10 »	» 5 »
Édit d'Août 1781. Dix sols pour livre, mod. à Six sols par Décision du 29 dud.	4 6 4¾	1 16 »	» 6 »	» 3 »	» 1 6
TOTAL GÉNÉRAL...	33 18 10¾	13 5 »	6 15 »	2 19 3	1 16 4½

Bourg de la Jeune Lyre.

NATURE DES DROITS, & Réglemens qui les autorisent.	Eau de vie & Liqueur.	Vin ordinaire & de Liq.	Cidre & Biere.	Poiré.
Ordonnance de 1680, tit. 4, art. 1er. Anciens & Nouveaux Cinq sols............	......	» 14 »		
Ordon. de 1680, tit. 24, art. 1er. tit. 16, art. 3, tit. 27, art. 6. Subvention............	5 8 »	1 7 »	» 13 6	» 6 9
Déclar. des 10 Oct. & 31 Déc. 1689. Jauge-Court.	2 5 »	» 15 »	» 9 »	» 9 »
Édit d'Oct. & Arrêt du Conseil du 29 Déc. 1705, Inspecteurs............	1 10 »	» 10 »	» 5 »	» 2 6
Lettres-Pat. du 2 Août 1777. Octrois municipaux.	1 » »	» 6 8	» 3 4	» 1 8
TOTAL.....	10 3 »	3 12 8	1 10 10	» 19 11
Édit d'Août 1781. Dix sols pour livre........	5 1 6	1 16 4	» 15 5	» 9 11½
TOTAL GÉNÉRAL...	15 4 6	5 9 »	2 6 3	1 9 10½

Bourgs de Condé-sur-Ithon, Harcourt, la Ferriere & la Barre.

NATURE DES DROITS, & Réglemens qui les autorisent.	Eau de vie & Liqueur.	Vin ordinaire & de Liq.	Cidre & Biere.	Poiré.
Ordonnance de 1680, tit. 4, art. 1er. Anciens & Nouveaux Cinq sols............	......	» 14 »		
Ordon. de 1680, tit. 24, art. 1er. tit. 16, art. 3, tit. 27, art. 6. Subvention............	5 8 »	1 7 »	» 13 6	» 6 9
Déclar. des 10 Oct. & 31 Déc. 1689. Jauge-Court.	2 5 »	» 15 »	» 9 »	» 9 »
Édit d'Oct. & Arrêt du Conseil du 29 Déc. 1705. Inspecteurs............	1 10 »	» 10 »	» 5 »	» 2 6
TOTAL.....	9 3 »	3 6 »	1 7 6	» 18 3
Édit d'Août 1781. Dix sols pour livre........	4 11 6	1 13 »	» 13 9	» 9 1½
TOTAL GÉNÉRAL...	13 14 6	4 19 »	2 1 3	1 7 4½

Bourg de la Vieille Lyre.

NATURE DES DROITS, & Réglemens qui les autorisent.	Eau de vie & Liqueur.	Vin ordinaire & de Liq.	Cidre & Biere.	Poiré.
Édit d'Oct. & Arrêt du Conseil du 29 Déc. 1705 Inspecteurs..................................	1 10 »	» 10 »	» 5 »	» 2 6
Édit d'Août 1781. Dix sols pour livre........	» 15 »	» 5 »	» 2 6	» 1 3
TOTAL.....	2 5 »	» 15 »	» 7 6	» 3 9

OBSERVATION.

LES Nobles sont exempts, pour leur consommation seulement, sur les Boissons provenant de leur crû, & les Ecclésiastiques sur celles du crû de leur Bénéfice, les premiers de la Subvention, les seconds de la Subvention, des Nouveaux Cinq sols, de la Jauge-Courtage, & des Droits Réservés, en se conformant aux formalités prescrites par les Réglemens.

DROIT de Six livres Quinze sols par muid de 144 pots, sur l'Eau-de-vie de vin,

Ordonnance de 1680, tit. 26, art. 1er................................. 6 15 »
Édit d'Août 1781. Dix sols pour livre.......................... 3 7 6

         TOTAL........... 10 2 6

N.ª Le Droit de 6 liv. 15 sols est dû sur l'Eau-de-vie de vin, à l'Entrée des Lieux sujets, & à l'arrivée dans les Lieux non-sujets, lorsqu'il n'est pas justifié qu'il a été acquitté en route, ou aux premiers Bureaux de passage. Édit de Décembre 1686, & Lettres-Patentes du 28 Juin 1722.

L'Eau-de-vie rectifiée & l'Esprit-de-vin sont assujettis par la Déclaration du 9 Déc. 1687, à payer, sçavoir, l'Eau-de-vie rectifiée le double, l'Esprit-de-vin le triple des Droits de 6 liv. 15 sols, & de la Subvention ; & ces Liqueurs payent les autres Droits comme l'Eau-de-vie simple.

DROIT de Contrôle sur la Biere, par muid de 144 pots.

Ordonnance de 1680, tit. 27, art. 1er................................. 1 10 »
Édit d'Août 1781. Dix sols pour livre............................... » 15 »

         TOTAL........... 2 5 »

N.ª. Le Droit de Contrôle sur la Biere, est dû dans les Brasseries, en tous les lieux où elle est façonnée. Ordonnance ci-dessus citée.

DROITS dûs sur le Vin, à la sortie du Royaume, par muid de 144 pots.

Ordannance de 1680, tit. 4, art. 16. Anciens & Nouveaux Cinq sols.. » 14 »
Édit d'Août 1781. Dix sols pour livre......................... » 7 »

TOTAL........... 1 1 »

N^b. Il se perçoit aussi à la sortie du Royaume, des Droits de Jauge Courtage sur le Vin & l'Eau-de-vie, avec les Dix sols pour livre ; mais ils ont été réunis à la Ferme générale.

DROITS de Gros sur le Vin, par muid de 144 pots.

PAR Arrêt du Conseil du 13 Mars 1753, le Vin destiné pour être consommé dans la Province de Normandie, étant exempt des Droits de Gros au passage, ces Droits sont dûs lorsqu'il s'enleve de Normandie pour aller à l'Étranger ou dans une autre Province : ils consistent dans le Vingtiéme du prix de la vente, l'Augmentation de 16 sols 3 den. & le Droit de Courtage de 10 sols par muid.

Exemple pour du Vin vendu 150 liv. le muid.

Gros ou vingtieme du prix de la vente. 7 10 »
Augmentation............................ » 16 3 } 8 16 3
Courtage................................ » 10 »   } 13 4 4½
Édit d'Août 1781. Dix sols pour livre.......... 4 8 1½

DROITS dûs à la Vente & Revente des Boissons, sous la dénomination de Courtiers-Jaugeurs, dans les Paroisses de la Direction, dépendantes des Généralités ci-après.

SAVOIR;

Généralité d'Alençon.

BOISSONS.	NATURE DES DROITS, & Réglemens qui les autorisent.	Iʳ. ENLEVEMENT.		IIᵉ. ENLEVEMENT.	
		Quotité de chaque Droit.	TOTAL.	Quotité de chaque Droit.	TOTAL.
Eau-de-vie par baril de 28 à 29 veltes.	Décl. du 4 Sept. 1696, & Tarif du 16 Oct. suiv. Court.-Jaug.	» 18 »	} 1 7 »	» 10 »	} » 15 »
	Édit d'Août 1781. 10 s. p. liv.	» 9 »		» 5 »	
Liqueur par muid de 144 pots.	Décl. du 4 Sept. 1696, & Tarif du 16 Oct. suiv. Court.-Jaug.	1 18 »	} 2 17 »	1 10 »	} 1 5 »
	Édit d'Août 1781. 10 s. p. liv.	» 19 »		» 15 »	
Vin ordinaire par muid ou demi-queue.	Décl. du 4 Sept. 1696, & Tarif du 16 Oct. suiv. Court. Jaug.	» 9 »	} » 13 6	» 5 »	} » 7 6
	Édit d'Août 1781. 10 s. p. liv.	» 4 6		» 2 6	
Biere, Cidre & Poiré, par muid de 144 pots	Décl. du 4 Sept. 1696, & Tarif du 16 Oct. suiv. Court.-Jaug.	» 4 6	} » 6 9	» 2 6	} » 3 9
	Édit d'Août 1781. 10 s. p. liv.	» 2 3		» 1 3	

Généralité de Rouen.

Désignation	Règlement	Montant	Total	Montant	Total
Eau-de-vie par muid de 144 pots.	Décl. du 4 Sept. 1696, & Tarif du 16 Oct. suiv. Court.-Jaug.	1 10 8		1 » »	
	Édit d'Août 1781. 10 f. p. liv.	» 15 4	2 6 »	» 10 »	1 10 »
Liqueur par muid de 144 pots.	Décl. du 4 Sept. 1696, & Tarif du 16 Oct. suiv. Court.-Jaug.	1 18 »		1 10 »	
	Édit d'Août 1781. 10 f. p. liv.	» 19 »	2 17 »	» 15 »	2 5 »
Vin ordinaire par muid ou demi-queue.	Décl. du 4 Sept. 1696, & Tarif du 16 Oct. suiv. Court.-Jaug.	» 9 »		» 5 »	
	Édit d'Août 1781. 10 f. p. liv.	» 4 6	» 13 6	» 1 6	» 7 6
Bière, Cidre & Poiré, par muid de 144 p.	Décl. du 4 Sept. 1696, & Tarif du 16 Oct. suiv. Court.-Jaug.	» 4 6		» 2 6	
	Édit d'Août 1781. 10 f. p. liv.	» 2 3	» 6 9	» 1 3	» 3 9

DROITS dûs à la Vente en détail des Boissons, dans toute l'étendue de la Direction, excepté la Ville de Conches, par muid de 144 pots.

NATURE DES DROITS, & Réglemens qui les autorisent.	Eau de vie à 3 liv. le pot.	Vin à 1 sol la pinte.	Cidre à 6 den. la pinte.	Poiré à 6 den. la pinte.	Bière à 12 sols le pot.
Le Quatrième sur l'Eau-de-vie est le tiers du prix de la Vente. Edit de Déc. 1686..........	144 » »				
Le Quatrième sur le Vin, Cidre & Poiré, est réduit au cinquième. Ordon. de 1680, tit. 14, art. 1er, & 2........	....	3 18 »	1 18 »	1 18 »	
Le Quatrième sur la Bière est le quart du prix de la Vente, avec le parisis sol & 6 den. Ordonn. de 1680, tit. 27, art. 6..	....	....	....	....	29 1 3
Edit d'Août 1781. Dix sols pour liv. modérés à huit sols par Décis. du 29 dud.	57 12 »	1 11 2¼	» 15 2¾	» 15 2¾	11 12 6
TOTAL......	201 12 »	5 9 2¼	2 13 2½	2 13 2½	40 13 9
Subvention à la consommation. Ord. de 1680, tit. 26, art. 3, pour l'Eau-de-vie; tit. 23, art. 1er, & 2 pour les Vin, Cidre & Poiré; & tit. 27, art. 6, pour la Bière......	5 8 »	1 7 »	» 13 6	» 6 9	» 13 6
Déclar. du 10 Oct. 1689. Jauge Court.	2 5 »	» 15 »	» 9 »	» 9 »	» 9 »
TOTAL......	7 13 »	2 2 »	1 2 6	» 15 9	1 2 6
Edit d'Août 1781. Dix sols pour liv..	3 16 6	1 1 »	» 11 3	» 7 10½	» 11 3
TOTAL de la Subvention, Jauge-Courtage & Dix sols pour liv....	11 9 6	3 3 »	1 13 9	1 3 7½	1 13 9
Rapport du Quatrième & Huit sols pour livre........	201 12 »	5 9 2¼	2 13 2½	2 13 2½	40 13 9
TOTAL GÉNÉRAL...	213 1 6	8 12 2¼	4 6 11½	3 16 9¾	41 7 6

N°. Lorsque le Vin est vendu plus d'un sol la pinte, les Droits de Quatrième sont augmentés à raison de 3 liv. 18 sols par chaque sol, & lorsque les Cidre & Poiré sont aussi vendus plus de 6 deniers la pinte, ces Droits font augmentés à raison de 6 fols par chaque denier. Articles ci-devant cités.

Il eft encore à obferver que le Droit de Jauge-Courtage au détail, ne fe perçoit dans aucuns des lieux où il a été payé à l'Entrée.

Il eft dû, en outre, dans le bourg de Breteuil au droit de 1er. moitié d'octroi.

DROITS dus à la Vente en détail des Boiffons, dans la Ville de Conches, par muid de 144 pots.

NATURE DES DROITS, & Réglemens qui les autorifent.	Eau de vie à 3 liv. le pot.	Vin à 1 fol la pinte.	Cidre à 6 den. la pinte.	Poiré à 6 den. la pinte.	Biere à 12 fols le pot.
Droits de Quatrieme, dont les autorités font relatées au Tableau précédent.	144 » »	3 18 »	1 18 »	1 18 »	19 1 3
Édit d'Août 1781. Dix fols pour livre, mod. à 8 fols par Décifion du 19 dud.	57 12 »	1 11 2½	» 16 2½	» 15 2½	11 12 6
TOTAL.....	201 12 »	5 9 2½	2 13 2½	2 13 2½	40 13 9
Subvention à la confommation, dont les aut. font relatées au Tableau préc. Ordonnance de 1681, tit 3, art. 1er.	5 8 »	1 7 »	» 15 6	» 6 9	» 13 6
Premiere moitié d'Octroi, le 16e du prix de la vente.....	....	» 18 »	» 9 »	» 9 »	» » »
TOTAL.....	5 8 »	2 5 »	1 2 6	» 15 9	» 13 6
Édit d'Août 1781. Dix fols pour livre.	2 14 »	1 2 6	» 11 3	» 7 10½	» 6 9
TOTAL.....	8 2 »	3 7 6	1 13 9	1 3 7½	1 » 3
Rapport du Quatrieme & 8 fols p. liv.	201 12 »	5 9 2½	2 13 2½	2 13 2½	40 13 9
TOTAL GÉNÉRAL...	209 14 »	8 16 8½	4 6 11½	3 16 9½	41 14 »

Les Droits de Détail expliqués dans les Tableaux précédens, font également dûs fur les Boiffons arrivantes & transportées en bouteilles & autres vaiffeaux au-deffous de 72 pintes mefure de Paris : Lettres-Patentes du 15 Mai 1718, aux exceptions y portées, & qui tombent fur le Vin de liqueur venant en caiffes, les Vins de Champagne gris, arrivans en paniers de 100 bouteilles, en deftination pour la Province ; les Vins en paniers de 50 bouteilles, en deftination pour l'Étranger, & les Vins en bouteilles pour la provifion des Perfonnes qui vont aux Eaux de Forges, & de celles qualifiées qui vont paffer quelque tems dans leurs Terres ; le tout en fe conformant aux formalités preferites par lefdites Lettres-Patentes.

Les Eaux-de-vie transportées en barils au-deffous de 60 pintes, font auffi affujetties aux Droits de Détail : Lettres-Patentes du 24 Août 1718. Ces Droits font encore dûs par les Bouilleurs & Marchands en gros d'Eau-de-vie, fur les manquans à leurs charges, déduction faite du 21e pot pour 20 : Lettres-Pat. ci-deffus citées. Et les Soumiffionnaires d'Eau-de-vie font affujettis au payement du double defdits Droits fur les Eaux-de-vie pour lefquelles ils ne rapportent pas, dans les trois mois, Certificats d'arrivée : Lettres-Patentes des 7 Juin 1727 & 2 Mars 1728.

DROIT ANNUEL.

Dans les Villes..... { Ord. de 1680, tit. 29, art. 1er. Annuel. 8 » » } 12 » »
{ Edit d'Août 1781. Dix sols pour livre.. 4 » » }

Dans les autres Lieux. { Ord. de 1680, tit. 29, art. 1er. Annuel. 6 10 » } 9 15 »
{ Edit d'Août 1781. Dix sols pour livre.. 3 5 » }

CE DROIT est dû par tous les Marchands en gros, Bouilleurs, Brasseurs, Cabaretiers, Taverniers & autres vendans en détail. Les Détailleurs de Biere ne doivent que la moitié de l'Annuel. Ordonnance de 1680, tit. 29, art. 7.

BESTIAUX.

DROITS sur les Bestiaux, à l'Entrée & au Massacre.

Ville de Conches, & Bourg de Neufbourg.

NATURE DES DROITS, & Réglemens qui les autorisent.	Bœuf ou Vache.	Veau ou Genisse.	Mouton, Brebis ou Chev.	Porc.	Livre de Viande.
Édit de Février 1704. Inspecteurs	2 » »	» 12 »	» 4 »	» » »	» » 2
Édit d'Août 1781. Dix sols pour liv.	1 » »	» 6 »	» 2 »	» » »	» » 1
Déclaration du 3 Janvier 1759. Droits Réservés	1 10 »	» 10 »	» 3 6	» 10 »	àproport.
Édit d'Août 1781. Dix sols pour livre, modérés à Six sols par Décision du 19 dudit mois	» 9 »	» 3 »	» 1 0 ½	» 3 »	idem.
TOTAL	4 19 »	1 11 »	» 10 6 ½	» 13 »	

Bourgs de Beaumont-le-Roger, Breteuil, Damville & Rugles.

NATURE DES DROITS, & Réglemens qui les autorisent.	Bœuf ou Vache.	Veau ou Genisse.	Mouton, Brebis ou Chev.	Porc.	Livre de Viande.
Édit de Février 1704. Inspecteurs	2 » »	» 12 »	» 4 »	» » »	» » 2
Édit d'Août 1781. Dix sols pour liv.	1 » »	» 6 »	» 2 »	» » »	» » 1
Déclaration du 3 Janvier 1759. Droits Réservés	1 » »	» 6 8	» 3 »	» 6 8	àproport.
Édit d'Août 1781. Dix sols pour livre, modérés à Six sols par Décision du 19 dudit mois	» 6 »	» 2 »	» » 10 ½	» 2 »	idem.
TOTAL	4 6 »	1 6 8	» 9 10 ½	» 8 8	

Il est dû en outre dans le bourg de Breteuil un droit de 1re moitié d'octroi.

DROITS dûs sur les Bestiaux, dans les Bourgs de Condé-sur-Ithon, Harcourt, la Ferriere, la Barre, La Neuve Lyre & la Vieille Lyre, à l'Entrée & au Massacre ; dans les Campagnes, par les Bouchers Maîtres & fils de Maîtres, avant l'abatis, & par tous les autres Bouchers, à la Vente hors domicile.

NATURE DES DROITS, & Réglemens qui les autorisent.	Bœuf ou Vache.	Veau ou Genisse.	Mouton, Brebis & Chev.	Livre de Viande.
Édit de Février 1704. Inspecteurs................	2 » »	» 12 »	» 4 »	» » 2
Édit d'Août 1781. Dix sols pour livre............	1 » »	» 6 »	» 2 »	» » 1
TOTAL........	3 » »	» 18 »	» 6 »	» » 3

DENRÉES ET MARCHANDISES.

DROITS de premiere moitié d'Octroi, dûs sur les Denrées & Marchandises, à Conches.

RÉGLEMENS.	OBJETS SUJETS AUX DROITS.	Principal	10 s. p. l.	TOTAL.
Édit de Déc. 1663, & Ord. de 1681, tit. 3, art. 1er, pour le principal. Édit d'Août 1781, pour les Dix sols pour liv.	Poisson salé ; 6 den. pour livre du prix de la vente, par le Vendeur....................	» » 6	» » 3	» » 9
	Draps vendus en gros & en détail, par les Marchands du dehors ; 6 den. pour livre du prix de la vente....................	» » 6	» » 3	» » 9
	Bêtes à quatre pieds, vendues vives par les Marchands du dehors ; 6 den. pour livre du prix de la vente....................	» » 6	» » 3	» » 9
	Par chaque cheval de somme, passant ou arrivant....................	» » 1	» » » 2½	» » 1½
	Par chaque charetée passante ou arrivante.	» » 5	» » 2½	» » 7½
	Par chaque livre de fil ou filasse, vendue au marché....................	» » 2	» » 1	» » 3
	Par chaque cent pesant de Marchandises sujettes au poids....................	» 1 »	» » 6	» 1 6

D R O I T S sur les Huiles, à la fabrication.

Réglemens.	Nature des Huiles.	Principal	10 s. p. l.	Total.
Déclaration du 21 Mars 1716. Édit d'Août 1781, pour le doublement des Droits & les Dix sols pour livre.	Par livre pesant d'Huile de poisson, d'olive, d'amende, de noix & autres fruits........	» 1 »	» » 6	» 1 6
	Par livre d'Huile de térébentine, lin, chenevis, rabette, navette & autres graines....	» » 6	» » 3	» » 9
	Par livre d'Huile d'essence, & autres de plus grande valeur que celles sujettes au droit d'un sol..................	» 2 »	» 1 »	» 3 »
	Si le droit principal est de plus de 3 liv. il est dû pour l'acquit..................	» 5 »	» 2 6	» 7 6
	S'il n'est que de 3 livres ou d'une moindre somme jusqu'à 20 sols inclusivement, le droit d'acquit est de..................	» 2 »	» 1 »	» 3 »

N.ª Le Droit d'Acquit n'a pas lieu, lorsque le principal est au dessous de 20 sols.

D R O I T S sur les Cuirs & Peaux, en vertu de l'Édit d'Août 1759, & des Arrêts du Conseil des 28 Juin & 13 Nov. 1760, pour le principal, & de l'Édit d'Août 1781, pour les Dix sols pour livre.

Objets sujets aux Droits.	Cuirs et Peaux à la Fabrication.			Cuirs et Peaux à l'Exportation.			Cuirs & Peaux à l'Import.
	Principal	10 s. p. l.	Total.	Principal	10 s. p. l.	Total.	
Cuirs de Bœufs & Vaches à sort & à œuvre, Veaux, Moutons, Agneaux, Chevreaux, Porcs & Sangliers, tannés & apprêtés en toutes sortes d'apprêts; par livre pesant.	» 2 »	» 1 »	» 3 »				Dix pour cent de leur valeur.
Chev.ˢ, Mulets & Ânes, id.	» 1 »	» » 6	» 1 6				
Cerfs, Élans, Orignaux, id.	» 6 »	» 3 »	» 9 »				
Boucs & Chèvres, id....	» 4 »	» 2 »	» 6 »				
Chamois, Daims & Chevreuils, id..........	» 10 »	» 5 »	» 15 »				
Toutes Peaux non-dénommées ci-dessus, 10 pour 100 de leur valeur.	*Mémoire.*						
Cuirs de Bœufs & Vaches, en verd, en demi-apprêt, passant à l'Étranger; la pièce..................	....	....	....	6 » »	3 » »	9 » »	
Peaux de Veaux, *idem*, la pièce..................	....	....	....	1 » »	» 10 »	1 10 »	
Peaux de Moutons, *idem*, la pièce..................	....	....	....	» 10 »	» 5 »	» 15 »	

N.ª Les deux tiers du principal des Droits perçus sur les Cuirs apprêtés, sont rendus, lorsque lesdits Cuirs passent à l'étranger, en remplissant les formalités prescrites par les Réglemens.

DROITS sur la Marque d'Or & d'Argent.

RÉGLEMENS.	OBJETS SUJETS AUX DROITS.	Principal.	10 f. p. l.	TOTAL.
Ord. de 1681, tit. 2, art. 1er. & Édit de Mai 1723, pour le principal. Édit d'Août 1781, pour les Dix fols pour livre. {	Or, par marc......	33 12 »	16 16 »	50 8 »
	Argent, par marc....	2 16 »	1 8 »	4 4 »

DROITS sur l'Amidon & Poudre à poudrer.

NATURE DES DROITS, & Réglemens qui les autorisent.	AMIDON à la Fabrication. Par muid de 144 pots.		AMIDON ET POUDRE à poudrer, venant de l'étranger. Par livre pesant.	
Édit de 1721, & Arrêt du Conseil du 10 Déc. 1778, Principal,...............	7	10 »	» 4	»
Édit d'Août 1781. Dix fols pour livre....	3	15 »	» 2	»
TOTAL...........	11	5 »	» 6	»

OFFICES SUPPRIMÉS dans le Bourg de Breteuil.

NATURE DES DROITS, & Réglemens qui les autorisent.	Par Boisseau de Bled, Farine, Méteil, Seigle, Orge, Avoine, Pois-gris, Veluat, Sarrasins, & autres graines, Noix & Noisettes, mesure de Breteuil, pesant 20 livres.	Par Boisseau de Pois blancs, même mesure.	Par Boisseau de Feverre ou Pois d'Angleterre, même mesure.	Par Boisseau de Lin, Chenevis ou Chenevstte.
Édit de Janvier 1691, Arrêt du Parlement de Rouen, du 13 Déc. 1753, & Édit d'Avril 1768. Droits de Mesurage de Grains,...........	» » 2	» » 6	» » 6	» 1 »

DROITS sur les Quittances timbrées pour la Régie & pour les Parties étrangères.

Ordonnance de 1680, tit. 32, Déclaration de 1690, Édit de 1748, Déclaration de 1771, & Lettres-Pat. de 1780. Par Quittance de 5 fols & au dessus.   » » 10

Édit d'Août 1781. Dix fols pour livre...   » » 5

TOTAL............   » 1 3

N.° Les Congés & Expéditions qui ne font point des Quittances de Droits, doivent les frais de Timbre. Ordonnance de 1681, tit. commun, art. 16, Déclaration de 1771, & Lettres-Patentes de 1780, art. 10.

Les articles de Droits qui, payés séparément, ne forment pas une somme de 6 deniers, ne doivent point de Sols pour livre.

DENOMINATION

DES PARTIES ÉTRANGERES A LA RÉGIE,

dont les Dix fols pour liv. font dûs au Roi fur le principal des Droits.

NOMS DES LIEUX.	NATURE DES DROITS.
Conches............	Deuxieme moitié d'Octroi, appartenante à la Ville.

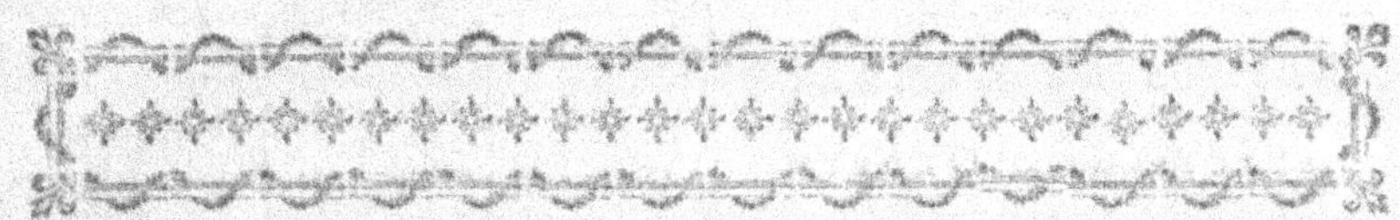

TARIF DES DROITS

DE PREMIERE MOITIÉ D'OCTROI,

APPARTENANS AU ROI,

QUI se perçoivent dans le Bourg de Breteuil, conformément à l'Édit de Décembre 1663, & à l'Article 1.er du Titre 3 de l'Ordonnance de 1681, avec les Dix Sols pour livre de l'Edit d'Août 1781.

OBJETS ET DENRÉES SUJETS AUX DROITS.	QUOTITÉ du DROIT.			Dix Sols pour Livre, de l'Édit d'Août 1781.			TOTAL.		
	"	ß	₰	"	ß	₰	"	ß	₰
Sur chacun Muid de Vin, vendu en détail, au Bourg de Breteuil, trois livres six sols sept deniers............	3.	6.	7.	1.	13.	3½	4.	19.	10½
Sur une Pipe de Cidre, vendue en détail, quinze sols........	".	15.	".	".	7.	6.	1.	2.	6.
Sur une Pipe de Poiré, vendue en détail, dix sols............	".	10.	".	".	5.	".	".	15.	".
BESTIAUX.									
DROITS d'Octrois sur les Bestiaux massacrés & vendus audit Breteuil.									
MASSACRE.									
Par Bœuf ou Vache, sept sols six den.	".	7.	6.	".	3.	9.	".	11.	3.

A

OBJETS ET DENRÉES SUJETS AUX DROITS.	QUOTITÉ du DROIT.			DIX SOLS pour Livre, de l'Edit d'Août 1781.			TOTAL.		
Pour chacun Veau, deux sols.....	»	2 ß	»	»	1 ß	»	»	3 ß	»
Pour chacun Porc, deux sols six den.	»	2.	6.	»	1.	3.	»	3.	9.
Pour chacun Mouton ou Agneau, neuf deniers..................	»	»	9.	»	»	4½	»	1.	1½
Pour chacune livre de Lard à larder, trois deniers.................	»	»	3.	»	»	1½	»	»	4½
VENTE DE BESTIAUX.									
Pour chacun Bœuf ou Vache, cinq sols	»	5.	»	»	2.	6.	»	7.	6.
Pour chacun Cheval ou Mulet, sept sols six deniers.................	»	7.	6.	»	3.	9.	»	11.	3.
Pour chacun Mouton, un sol trois deniers.....................	»	1.	3.	»	»	7½	»	1.	10½
Pour chacun Porc, deux sols.......	»	2.	»	»	1.	»	»	3.	»
DROITS SUR LE FER.									
Pour chacune Charrette chargée de Fer en Barres ou Verge, dix sols.....	»	10.	»	»	5.	»	»	15.	»
Pour chacune charge de Cheval de Fer, six deniers.................	»	»	6.	»	»	3.	»	»	9.
DROITS SUR LE POISSON SALÉ.									
Pour chacun Baril de Hareng salé, avant l'ouverture d'icelui, quinze sols..	»	15.	»	»	7.	6.	1.	2.	6.
Pour chacune Poignée de Morue, trois deniers.................	»	»	3.	»	»	1½	»	»	4½
DROITS SUR LES FROMAGES.									
Pour chacune somme de Fromages les Angelots, qui se vendront ou entreront dans le Bourg de Breteuil & Paroisses, dix sols..................	»	10.	»	»	5.	»	»	15.	»
Pour chacune charge d'Homme desd. Fromages des Angelots, deux sols six d.	»	2.	6.	»	1.	3.	»	3.	9.
DROITS SUR LES DRAPS ET SERGES qui se fabriquent ou se vendent en gros & en détail, auxdits lieu & Paroisses.									
Pour chacune piece de Drap, cinq sols.	»	5.	»	»	2.	6.	»	7.	6.

OBJETS ET DENRÉES SUJETS AUX DROITS.	QUOTITÉ du DROIT.			DIX SOLS pour Livre, de l'Edit d'Août 1781.			TOTAL.		
	℔	ß	₰	℔	ß	₰	℔	ß	₰
Pour chacune piece de Serge, deux sols six deniers.............	».	2.	6.	».	1.	3.	».	3.	9.
Pour chacune autre piece de Drap ou Grisette, de quelque fabrique qu'ils soient, qui se vendront auxdits lieu & Paroisses, dix sols.............	».	10.	».	».	5.	».	».	15.	».
Pour chacune livre de Laine nette, trois deniers.............	».	».	3.	».	».	$1\frac{1}{2}$	».	».	$4\frac{1}{2}$
Pour chacune livre de Laine en Suif, un denier & demi.............	».	».	$1\frac{1}{2}$	».	».	$»\frac{3}{4}$	».	».	$2\frac{1}{4}$
DROITS SUR LE FIL.									
Pour chacune livre de Fil de Lin, trois deniers.............	».	».	3.	».	».	$1\frac{1}{2}$	».	».	$4\frac{1}{2}$
Pour chacune livre de Chanvre, un denier & demi.............	».	».	$1\frac{1}{2}$	».	».	$»\frac{3}{4}$	».	».	$2\frac{1}{4}$
DROITS SUR LES OIGNONS.									
Pour chacune charretée d'Oignons..	».	7.	6.	».	3.	9.	».	11.	3.
Pour chacune somme de Cheval, d'Oignons, deux sols six deniers.....	».	2.	6.	».	1.	3.	».	3.	9.
DROITS SUR LES ÉTALANS.									
Pour chacun Drapier Horsain, étalant à jours de Foires & Marchés, deux s. six d.	».	2.	6.	».	1.	3.	».	3.	9.
Pour chacune Boutique de Mercier, vendans Masques ou faux-Visages, Dez, & Cartes, par chaque année, dix livres.	10.	».	».	5.	».	».	15.	».	».
Pour chacun Cordonnier étalant à jours de Foires & Marchés, un sol trois deniers.............	».	1.	3.	».	».	$7\frac{1}{2}$	».	1.	$10\frac{1}{2}$
Pour chacun Mercier étalant Dentelles, Rubans & autres Marchandises qui se vendent aux jours de Foires & Marchés, deux sols six deniers......	».	2.	6.	».	1.	3.	».	3.	9.

OBJETS ET DENRÉES SUJETS AUX DROITS.

OBJETS ET DENRÉES SUJETS AUX DROITS.	QUOTITÉ du DROIT.			DIX SOLS pour Livre, de l'Edit d'Août 1781.			TOTAL.		
	tt	ß	₰	tt	ß	₰	tt	ß	₰
Pour chacun Quincailler , un sol trois deniers............................	,,	1.	3.	,,	,,	7½	,,	1.	10½
Pour chacun Porte-Balle , un sol...	,,	1.	,,	,,	,,	6.	,,	1.	6.
Pour chacun Chapelier , un sol....	,,	1.	,,	,,	,,	6.	,,	1.	6.
Pour chacun autre petit Étalant de quelque denrée que ce soit, trois den....	,,	,,	3.	,,	,,	1½	,,	,,	4½
Pour chacun Étalant Sabots , Brouettes, Pelles, Braves & autres Marchandises qui se vendent les jours de Foires & Marchés, un sol trois deniers..........	,,	1.	3.	,,	,,	7½	,,	1.	10½
Pour chacun Étamier étalant aux jours de Foires & Marchés , deux sols.......	,,	2.	,,	,,	1.	,,	,,	3.	,,

DROITS DUS A LA VENTE DES BOISSONS, EN DÉTAIL,
DANS LE BOURG DE BRETEUIL, par Muid de 144 Pots.

NATURE DES DROITS, ET RÉGLEMENS QUI LES AUTORISENT.	Eau-de-vie, à 4 livres le Pot.			Vin, à 1 sol la Pinte.			Cidre, à 6 deniers la Pinte.			Poiré, à 6 deniers la Pinte.			Bière, à 12 sols le Pot.		
	l.	s.	d.	l.	s.	d.	l.	s.	d.	l.	s.	d.	l.	s.	d.
Le Quatrieme sur l'Eau-de-vie, est le tiers du prix de la Vente, Édit de Décembre 1686.	144	»	»	»	»	»	»	»	»	»	»	»	»	»	»
Le Quatrieme sur le Vin, Cidre & Poiré, est réduit au Cinquieme, Ordon. de 1680, tit. 14, art. 1er & 2.	»	»	»	4	18	»	1	18	»	1	18	»	»	»	»
Le Quatrieme sur la Biere, est le Quart du prix de la Vente, avec le Pacdis, sol & six deniers, Ordonnance de 1680, titre 17, art. 6.	»	»	»	»	»	»	»	»	»	»	»	»	29	1	3
Édit d'Août 1781, Dix Sols pour livre, modérés à Huit Sols, par Décision du 29 dudit mois.	57	12	»	1	11	2 ¾	»	16	2 ¾	»	15	2 ½	11	12	6
T O T A L.	201	12	»	5	9	2 ¾	2	13	2 ½	2	13	2 ½	40	13	9
Subvention à la Conformation Ordon. de 1680. { Tit. 16, art. 3, pour l'Eau-de-vie; tit. 23, art. 1er & 2, pour les Vins, Cidre & Poiré; tit. 17, art. 6, pour la Biere. }	5	8	»	1	7	»	»	13	6	»	6	9	»	13	6
Ordonnance de 1681, tit. 1, 1re Moitié d'Octroi.	»	»	»	4	6	7	»	16	»	»	6	8	»	»	»
T O T A L.	5	8	»	4	13	7	1	3	6	»	13	»	»	13	6
Édit d'Août 1781, Dix Sols pour livre.	2	14	»	2	6	9 ½	»	11	9	»	6	8 ½	»	6	9
T O T A L.	8	2	»	7	»	4 ½	1	15	3	1	»	1 ½	1	»	3
Rapport du Quatrieme, & Huit Sols pour livre.	201	12	»	5	9	2 ¾	2	13	2 ½	2	13	2 ½	40	13	9
TOTAL GÉNÉRAL.	209	14	»	11	9	6 3/10	4	8	5 ½	3	19	5 7/10	41	14	»

Nota. Lorsque le Vin est vendu plus d'un sol la pinte, les Droits de Quatrieme sont augmentés, à raison de 3ᶫ 18ˢ par chaque sol, & lorsque les Cidre & Poiré sont aussi vendus plus de 6ß la pinte, ces Droits sont augmentés à raison de six sols par chaque denier, articles ci-devant cités.

Les Droits de Détail expliqués dans le Tableau ci-dessus, sont également dûs sur les Boissons arrivantes & transportées en bouteilles & autres vaisseaux au dessous de 72 pintes, mesure de Paris, Lettres Patentes du 15 Mai 1728, aux exceptions y portées, & qui tombent sur le Vin de Liqueur venant en caisse, les Vins de Champagne gris, qui arrivent en panier de cent bouteilles, en destination pour la Province, les Vins en panier de cinquante bouteilles, en destination pour l'Étranger, & les Vins en bouteilles, pour la provision des Personnes qui vont aux Eaux de Forges, & de celles qualifiées, qui vont passer quelque tems dans leurs Terres; le tout en se conformant aux formalités prescrites par lesdites Lettres Patentes.

Les Eaux-de-vie transportées en Barils, au dessous de 60 pintes, sont aussi assujetties aux Droits de Détail, Lettres Patentes du 24 Août 1728. Ces Droits sont encore dûs par les Bouilleurs & Marchands d'Eaux-de-vie en gros, sur les Manquans à leur charge, déduction faite du vingt-unieme pour vingt, Lettres Patentes ci-dessus citées; & les Soumissionnaires d'Eaux-de-vie sont assujettis au payement du double desdits Droits, sur les Eaux-de-vie pour lesquelles ils ne rapportent pas, dans les trois mois, Certificats d'arrivée, Lettres Patentes des 7 Juin 1727, & 2 Mars 1718.

NATURE DES DROITS ET RÉGLEMENS QUI LES AUTORISENT.	Bœuf, ou Vache.	Veau, ou Génisse.	Mouton, Brebis, ou Chèvre.	Porc, ou Truie.	Livre de Lard à larder.	Livre de Viande.
	₶ ß d	₶ ß d	₶ ß d	₶ ß d	₶ ß d	₶ ß d
Édit de Février 1704, Inspecteurs……….	2. ». ».	».12. ».	». 4. ».	». ». ».	». ». ».	». ». 2.
Ordonnance de 1681, titre 3, première moitié d'Octroi……….	». 7. 6.	». 2. ».	». ». 9.	». 1. 6.	». ». 3.	à proport.
TOTAL……….	2. 7. 6.	».14. ».	». 4. 9.	». 2. 6.	». ». 3.	Idem.
Édit d'Août 1781, Dix Sols pour livre……	1. 3. 9.	». 7. ».	». 2. 4.½	». 1. 3.	». ». 1.½	Idem.
Déclaration du Roi, du 3 Janvier 1759, Droits Réservés……….	1. ». ».	». 6. 8.	». 3. ».	». 6. 8.	à proport.	Idem.
Édit d'Août 1781, Dix Sols pour livre, modérés à Six Sols, par Décision du 19 dudit mois……….	». 6. ».	». 2. ».	».10.½	». 1. ».	Idem.	Idem.
TOTAL GÉNÉRAL….	4.17. 3.	1. 9. 8.	».11. ».½	».12. 5.	». ». ».	». ». ».

De l'Imprimerie de L A M E S L E, Imprimeur des Fermes du Roi, au Bureau général des Aides, Hôtel de Bretonvilliers, Isle Saint Louis, 1781.

GÉNÉRALITÉ D'ALENÇON.

TARIF

DES DROITS DÉPENDANS

DE LA RÉGIE GÉNÉRALE,

Dûs dans la Direction DE DOMFRONT.

BOISSONS.

DROITS dûs sur les Boissons, à l'Entrée & au Brassage, par muid de 144 pots.

Ville de Domfront.

Nature des Droits, & Réglemens qui les autorisent.	Eau de vie & Liqueur.	Vin de Liqueur.	Vin ordinaire.	Cidre.	Biere.	Poiré.
	» ß à	» ß à	» ß à	» ß à	» ß à	» ß à
Ord. de 1680, tit. 2, art. 1er. Anc. & Nouv. Cinq sols....	....	» 14 »	» 14 »			
Ord. de 1680, tit. 24, art. 1er, tit. 26, art. 3, tit. 27, art. 6. Subvention..............	5 8 »	1 7 »	1 7 »	» 13 6	» 13 6	» 6 9
Déclarations des 10 Oct. & 31 Déc. 1689. Jauge Court...	2 5 »	» 15 »	» 15 »	» 9 »	» 9 »	» 9 »
Edit d'Oct. & Arrêt du Conseil du 19 Déc. 1705. Inspect...	1 10 »	» 10 »	» 10 »	» 5 »	» 5 »	» 2 6
Lett. patent. du 2 Août 1777. Octrois municipaux........	....	2 » »	2 » »	» 13 6	» » »	» 9 »
TOTAL.....	9 3 »	5 6 »	5 6 »	2 1 »	1 7 6	1 7 3
Édit d'Août 1781. Dix sols pour livre...............	4 11 6	2 13 »	2 13 »	1 » 6	» 13 9	» 13 7½
Déclaration du 3 Janv. 1759 Droits réservés..........	14 8 »	6 » »	1 5 »	» 10 »	» 10 »	» 5 »
Édit d'Août 1781. Dix sols pour liv. modérés à Six sols par Décision du 19 dudit...	4 6 4½	1 16 »	» 7 6	» 3 »	» 3 »	» 1 6
TOTAL GÉNÉRAL....	32 8 10½	15 15 »	9 11 6	3 14 6	2 14 3	2 7 4½

Bourg de la Ferré-Macé.

NATURE DES DROITS, & Réglemens qui les autorisent.	Eau de vie & Liqueur.	Vin de Liqueur.	Vin ordinaire.	Cidre & Biere.	Poiré.
Ordon. de 1680, tit. 4, art. 1er. Anciens & Nouveaux Cinq sols............	....	» 14 »	» 14 »		
Ord. de 1680, tit. 24, art. 1er, tit. 16, art. 3, tit. 27, art. 6. Subvention..	5 8 »	1 7 »	1 7 »	» 13 6	» 6 9
Déclar. des 10 Oct. & 31 Déc. 1689. Jauge-Courtage................	2 5 »	» 15 »	» 15 »	» 9 »	» 9 »
Édit d'Oct. & Arrêt du Conseil du 29 Déc. 1705. Inspecteurs..........	1 10 »	» 10 »	» 10 »	» 5 »	» 2 6
Lettres-Pat. du 2 Août 1777. Octrois municipaux..............	2 » »	» 13 4	» 13 4	» 6 8	» 3 4
TOTAL.....	11 3 »	3 19 4	3 19 4	1 14 2	1 1 7
Édit d'Août 1781. Dix sols pour liv.	5 11 6	1 19 8	1 19 8	» 17 1	» 10 9½
Décl. du 3 Janv. 1759, Droits Réservés.	14 8 »	6 » »	1 » »	» 10 »	» 5 »
Édit d'Août 1781. Dix sols pour liv. mod. à Six sols par Décision du 29 dud.	4 6 4½	1 16 »	» 6 »	» 3 »	» 1 6
TOTAL GÉNÉRAL...	35 8 10½	13 15 »	7 5 »	3 4 3	1 18 10½

Bourg de Passays.

NATURE DES DROITS, & Réglemens qui les autorisent.	Eau de vie & Liqueur.	Vin de Liqueur.	Vin ordinaire.	Cidre & Biere.	Poiré.
Ordon. de 1680, tit. 4, art. 1er. Anciens & Nouveaux Cinq sols............	....	» 14 »	» 14 »		
Ord. de 1680, tit. 24, art. 1er, tit. 16, art. 3, tit. 27, art. 6. Subvention..	5 8 »	1 7 »	1 7 »	» 13 6	» 6 9
Déclar. des 10 Oct. & 31 Déc. 1689. Jauge Courtage................	2 5 »	» 15 »	» 15 »	» 9 »	» 9 »
Édit d'Oct. & Arrêt du Conseil du 29 Déc. 1705. Inspecteurs..........	1 10 »	» 10 »	» 10 »	» 5 »	» 2 6
TOTAL.....	9 3 »	3 6 »	3 6 »	1 7 6	» 18 3
Édit d'Août 1781. Dix sols pour liv.	4 11 6	1 13 »	1 13 »	» 13 9	» 9 1½
Décl. du 3 Janv. 1759. Droits Réservés.	14 8 »	6 » »	1 » »	» 10 »	» 5 »
Édit d'Août 1781. Dix sols pour liv. mod. à Six sols par Décision du 29 dud.	4 6 4½	1 16 »	» 6 »	» 3 »	» 1 6
TOTAL GÉNÉRAL...	32 8 10½	12 15 »	6 5 »	2 14 3	1 13 10½

Bourg de Juvigny.

NATURE DES DROITS, & Réglemens qui les autorisent.	Eau de vie & Liqueur.	Vin de Liqueur.	Vin ordinaire.	Cidre & Biere.	Poiré.
Édit d'Octobre & Arrêt du Conseil du 29 Déc. 1705. Inspecteurs.........	1 10 »	» 10 »	» 10 »	» 5 »	» 2 6
Édit d'Août 1781. Dix sols pour livre.	» 15 »	» 5 »	» 5 »	» 2 6	» 1 3
Décl. du 3 Janv. 1759. Droits Réservés.	14 8 »	6 » »	1 » »	» 10 »	» 5 »
Édit d'Août 1781. Dix sols pour livre, mod. à Six sols par Décision du 29 dud.	4 6 4½	1 16 »	» 6 »	» 3 »	» 1 6
TOTAL.....	20 19 4½	8 11 »	2 1 »	1 » 6	» 10 3

Bourg de Lonlay.

NATURE DES DROITS, & Réglemens qui les autorisent.	Eau de vie & Liqueur.	Vin ordinaire & de Liq^r.	Cidre & Biere.	Poiré.
Ordonnance de 1680, tit. 4, art. 1er. Anciens & Nouveaux Cinq sols............	....	» 15 »		
Ordon. de 1680, tit. 24, art. 1er. tit. 16, art. 1, tit. 27, art. 6. Subvention............	5 8 »	1 7 »	» 13 6	» 6 9
Déclar. des 10 Oct. & 31 Déc. 1680. Jauge-Court.	2 5 »	» 15 »	» 9 »	» 9 »
Édit d'Oct. & Arrêt du Conf. du 29 Déc. 1705. Insp.	1 10 »	» 10 »	» 5 »	» 2 6
TOTAL....	9 3 »	3 6 »	1 7 6	» 18 3
Édit d'Août 1781. Dis sols pour livre........	4 11 6	1 13 »	» 13 9	» 9 1½
TOTAL GÉNÉRAL...	13 14 6	5 19 »	2 1 3	1 7 4½

Bourg de la Ferriere.

NATURE DES DROITS, & Réglemens qui les autorisent.	Eau de vie & Liqueur.	Vin.	Cidre & Biere.	Poiré.
Édit d'Oct. & Arrêt du Conseil du 29 Déc. 1705. Inspecteurs........	1 10 »	» 10 »	» 5 »	» 2 6
Édit d'Août 1781. Dix sols pour livre........	» 15 »	» 5 »	» 2 6	» 1 3
TOTAL.....	2 5 »	» 15 »	» 7 6	» 3 9

OBSERVATION.

Les Nobles sont exempts, pour leur consommation seulement, sur les Boissons provenant de leur crû, & les Ecclésiastiques sur celles de leur crû de Bénéfice, les premiers de la Subvention, les seconds de la Subvention, des Nouveaux Cinq sols, de la Jauge-Courtage, & des Droits Réservés, en remplissant les formalités prescrites par les Réglemens.

DROIT de Six livres Quinze sols par muid de 144 pots, sur l'Eau-de-vie de vin.

Ordonnance de 1680, tit. 16, art. 1er............................	6	15	»
Édit d'Août 1781. Dix sols pour livre..........................	3	7	6
TOTAL..........	10	2	6

N.^a Le Droit de 6 liv. 15 sols est dû sur l'Eau-de-vie de vin, à l'Entrée des Lieux sujets, & à l'arrivée dans les Lieux non-sujets, lorsqu'il n'est pas justifié qu'il a été acquitté en route, ou aux premiers Bureaux de passage. Édit de Décembre 1686, & Lettres-Patentes du 28 Juin 1722.

L'Eau-de-vie rectifiée & l'Esprit-de-vin sont assujettis par la Déclaration du 9 Déc. 1687, à payer, sçavoir, l'Eau-de vie rectifiée le double, l'Esprit-de-vin le triple des Droits de 6 liv. 15 sols, & de la Subvention; & ces Liqueurs payent les autres Droits comme l'Eau-de-vie simple.

DROIT de Contrôle sur la Biere, par muid de 144 pots.

Ordonnance de 1680, tit. 27, art. 1er.......................... 1 10 »
Édit d'Août 1781. Dix sols pour livre.......................... » 15 »

                                          TOTAL............ 2 5 »

N°. Le Droit de Contrôle sur la Biere, est dû dans les Brasseries, en tous les lieux où elle est façonnée. Ordonnance ci-dessus citée.

DROITS dûs sur le Vin, à la sortie du Royaume, par muid de 144 pots.

Ordonnance de 1680, tit. 4, art. 16. Anciens & Nouveaux Cinq sols.. » 14 »
Édit d'Août 1781. Dix sols pour livre.......................... » 7 »

                                          TOTAL............ 1 1 »

N°. Il se perçoit aussi à la sortie du Royaume, des Droits de Jauge Courtage sur le Vin & l'Eau-de-vie, avec les Dix sols pour livre; mais ils ont été réunis à la Ferme générale.

DROITS de Gros sur le Vin, par muid de 144 pots.

PAR Arrêt du Conseil du 13 Mars 1753, le Vin destiné pour être consommé dans la Province de Normandie, étant exempt des Droits de Gros au passage, ces Droits sont dûs lorsqu'il s'enleve de Normandie pour aller à l'Étranger ou dans une autre Province : ils consistent dans le Vingtiéme du prix de la vente, l'Augmentation de 16 sols 3 den. & le Droit de Courtage de 10 sols par muid.

Exemple pour du Vin vendu 150 liv. le muid.

Gros ou vingtieme du prix de la vente. 7 10 »
Augmentation......................... » 16 3 } 8 16 3
Courtage............................. » 10 »   } 13 4 4½
Édit d'Août 1781. Dix sols pour livre.......... 4 8 1½

DROITS de Courtiers-Jaugeurs, dûs à la Vente & Revente des Boissons, dans les Paroisses de la Direction, dépendantes des Généralités ci-après.

SAVOIR;

Généralité d'Alençon.

BOISSONS.	NATURE DES DROITS, & Réglemens qui les autorisent.	Ier. ENLEVEMENT. QUOTITÉ de chaque Droit.	Ier. ENLEVEMENT. TOTAL.	IIe. ENLEVEMENT. QUOTITÉ de chaque Droit.	IIe. ENLEVEMENT. TOTAL.
Eau-de-vie par baril de 28 à 29 veltes.	Tarif de 1696. Courtiers-Jaugeurs.............	» 18 »		» 10 »	
	Édit d'Août 1781. 10 s. p. liv.	» 9 »	1 7 »	» 5 »	» 15 »
Liqueur par muid de 144 pots.	Tarif de 1696. Courtiers-Jaugeurs.............	1 18 »		1 10 »	
	Édit d'Août 1781. 10 s. p. liv.	» 19 »	2 17 »	» 15 »	2 5 »
Vin ordinaire par muid ou demi queue.	Tarif de 1696. Courtiers-Jaugeurs.............	» 9 »		» 5 »	
	Édit d'Août 1781. 10 s. p. liv.	» 4 6	» 13 6	» 2 6	» 7 6
Bierre, Cidre & Poiré, par muid.	Tarif de 1696. Courtiers-Jaugeurs.............	» 4 6		» 2 6	
	Édit d'Août 1781. 10 s. p. liv.	» 2 3	» 6 9	» 1 3	» 3 9

Généralité de Tours.

Produit	Règlement	Droit (1)		Droit (2)	
Eau-de-vie par baril de 28 à 29 veltes.	Tarif de 1696. Courtiers-Jaugeurs..............	1 3 »	} 1 14 6	» 11 6	} » 17 3
	Édit d'Août 1781. 10 f. p. liv.	» 11 6		» 5 9	
Liqueur par muid de 144 pots.	Tarif de 1696. Courtiers-Jaugeurs..............	1 18 »	} 2 17 »	1 10 »	} 2 5 »
	Édit d'Août 1781. 10 f. p. liv.	» 19 »		» 15 »	
Vin ordinaire par muid ou demi-queue.	Tarif de 1696. Courtiers-Jaugeurs..............	» 9 »	} » 13 6	» 5 »	} » 7 6
	Édit d'Août 1781. 10 f. p. liv.	» 4 6		» 2 6	
Biere, Cidre & Poiré, par muid de 144 p.	Tarif de 1696. Courtiers-Jaugeurs..............	» 4 6	} » 6 9	» 2 6	} » 3 9
	Édit d'Août 1781. 10 f. p. liv.	» 1 3		» 1 3	

DROITS dûs à la Vente en détail des Boissons, dans toute l'étendue de la Direction, excepté la Ville de Domfront, par muid de 144 pots.

NATURE DES DROITS, & Réglemens qui les autorisent.	Eau de vie à 3 liv. le pot.	Vin à 1 fol la pinte.	Cidre à 5 den. la pinte.	Poiré à 6 den. la pinte.	Biere à 12 fols le pot.
Le Quatrieme sur l'Eau-de-vie est le tiers du prix de la Vente. Edit de Déc. 1686..............	14⅓ » »				
Le Quatrieme sur le Vin, Cidre & Poiré, est réduit au cinquieme. Ordon. de 1680, tit. 14, art. 1er. & 2..............	....	3 18 »	1 18 »	1 18 »	
Le Quatrieme sur la Biere est le quart du prix de la Vente, avec le pareils sol & 6 den. Ordonn. de 1680, tit. 17, art. 6..	....	....	....	....	29 1 3
Édit d'Août 1781. Dix sols pour liv. modérés à huit sols par Décis. du 19 dud.	57 12 »	1 11 2¼	» 15 2½	» 15 2½	11 13 6
TOTAL......	101 12 »	5 9 2½	2 13 2½	2 13 2½	40 13 9
Subvention à la consommation, Ord. de 1680, tit. 26, art. 3, pour l'Eau-de-vie; tit. 23, art. 1er. & 2 pour les Vin, Cidre & Poiré; & tit. 27, art. 6, pour la Biere..............	5 8 »	1 7 »	» 13 6	» 6 9	» 13 6
Déclar. du 10 Oct. 1689. Jauge Court.	2 5 »	» 15 »	» 9 »	» 9 »	» 9 »
TOTAL......	7 13 »	2 2 »	1 2 6	» 15 9	1 2 6
Édit d'Août 1781. Dix sols pour liv..	3 16 6	1 1 »	» 11 3	» 7 10½	» 11 3
TOTAL de la Subvention, Jauge-Courtage & Dix sols pour liv....	11 9 6	3 3 »	1 13 9	1 3 7½	1 13 9
Rapport du Quatrieme & Huit sols pour livre..............	101 12 »	5 9 2½	2 13 2½	2 13 2½	40 13 9
TOTAL GÉNÉRAL...	213 1 6	8 12 2½	4 6 11½	3 16 9$\frac{7}{10}$	48 7 6

LORSQUE le Vin est vendu plus d'un sol la pinte, le Droit de Quatrieme augmente à raison de 3 liv. 18 sols par chaque sol, & lorsque les Cidre & Poiré sont aussi vendus plus de 6 deniers la pinte, ce Droit augmente à raison de 6 sols par chaque denier. Articles ci-devant cités.

Il est encore à observer que le Droit de Jauge-Courtage au détail, ne se perçoit dans aucuns des lieux où il a été payé à l'Entrée.

DROITS dûs à la Vente en détail des Boissons, dans la Ville de Domfront, par muid de 144 pots.

NATURE DES DROITS, & Réglemens qui les autorisent.	Eau de vie à 3 liv. le pot.	Vin à 1 sol la pinte.	Cidre à 6 den. la pinte.	Poiré à 6 den. la pinte.	Bière à 12 sols le pot.
Subvention à la consommation, dont les autorités sont relatées au Tableau précédent..........................	5 8 »	1 7 »	» 13 6	» 6 9	» 13 6
Ordonnance de 1681, tit. 3. Première moitié d'Octroi................	....	» 10 »	» 2 5	» 2 5	» 3 5
TOTAL......	5 8 »	1 17 »	» 15 11	» 9 2	» 15 11
Édit d'Août 1781. Dix sols pour livre..	2 14 »	» 18 6	» 7 11½	» 4 7	» 7 11½
Rapport du 4e. & 8 sols p. liv. dont les autorités sont relatées au Tableau préc.	201 12 »	5 9 2¼	2 11 2¼	2 13 3½	40 13 9
TOTAL GÉNÉRAL...	209 14 »	8 4 5¾	3 17 1½	3 6 11½	41 17 7½

DROITS de Huitième, dûs sur les Boissons vendues en détail dans la partie de la Banlieue de la Ferté-Macé, sise dans le ressort de la Cour des Aides de Paris, par muid de 144 pots.

NATURE des Droits, & Réglemens qui les autorisent.	Vin de Liq. à pot ou à assiette.	BOISSONS à pot.			BOISSONS à assiette.			Boissons à pot ou à assiette.	
		Vin ordin.	Cidre.	Poiré.	Vin ordin.	Cidre.	Poiré.	Bière.	Eau-de-vie.
Huitième, réglé avec Subvention. Ordon. de Paris, de 1680, tit. 1er, art. 1er. pour les Vin ord. Cidre & Poiré. Tarif du 4 Mai 1688, pour le Vin de Liqueur. Article 8 du tit. 4 de l'Ord. ci-dessus citée, pour la Bière. Arrêt de Conseil du 28 Octobre 1656, & Tarif du 4 Mai 1698, pour l'Eau-de-vie.	20 9 8	6 15 »	3 7 6	1 15 9	8 2 »	4 1 »	2 » 6	3 10 »	24 » »
Jauge-Courtage. Déclaration du 10 Oct. 1689..	» 15 »	» 15 »	» 6 5	» 9 4	» 11 »	» 6 »	» 9 »	» 9 »	» 5 »
TOTAL....	20 18 9	7 10 »	3 16 6	2 2 9	8 13 »	4 10 »	2 9 8	3 19 »	24 5 »
Édit d'Août 1781. Dix sols pour livre.........	10 9 4½	3 15 »	1 18 3	1 1 4½	4 8 6	2 1 »	1 4 9	1 19 6	12 2 6
TOTAL GÉNÉRAL	31 8 1½	11 5 »	5 14 9	3 4 1½	13 3 6	6 15 »	3 14 3	5 18 6	39 7 6

Les Droits de Détail expliqués dans les Tableaux précédens, sont également dûs sur les Boissons arrivantes & transportées en bouteilles & autres vaisseaux au-dessous de 72 pintes mesure de Paris : Lettres-Patentes du 15 Mai 1728, aux exceptions y portées, & qui tombent sur le Vin de liqueur venant en caisses, les Vins de Champagne gris, arrivans en paniers de 100 bouteilles, en destination pour la Province ; les Vins en paniers de 50 bouteilles, en destination pour l'Étranger, & les Vins en bouteilles pour la provision des Personnes qui vont aux Eaux de Forges, & de celles qualifiées qui vont passer quelque tems dans leurs Terres ; le tout en remplissant les formalités prescrites par lesdites Lettres-Patentes.

Les Eaux-de-vie transportées en barils au-dessous de 60 pintes, sont aussi assujetties aux Droits de Détail : Lettres-Patentes du 14 Août 1728. Ces Droits sont encore dûs par les Bouilleurs & Marchands en gros d'Eau-de-vie, sur les manquans à leurs charges, déduction faite du 21e pot pour 20 : Lettres-Pat. ci-devant citées. Et les Soumissionnaires d'Eau-de-vie sont assujettis au payement du double des Droits de Quatriéme, si c'est en pays de Quatriéme, & du quadruple des Droits de Huitiéme, si c'est en pays de Huitiéme, sur les Eaux-de-vie pour lesquelles ils ne rapportent pas, dans les trois mois, Certificats d'arrivée : Lettres-Patentes des 7 Juin 1717 & 1 Mars 1728.

DROIT ANNUEL.

Dans les Villes ..... { Ord. de 1680, tit. 29, art. 1er, Annuel. 8 » » } 12 » »
{ Édit d'Août 1781. Dix sols pour livre.. 4 » » }

Dans les autres Lieux { Ord. de 1680, tit. 29, art. 1er, Annuel. 6 10 » } 9 15 »
{ Édit d'Août 1781. Dix sols pour livre.. 3 5 » }

Ce Droit est dû par tous les Marchands en gros, Bouilleurs, Brasseurs, Cabaretiers, Taverniers & autres vendans en détail. Les Détailleurs de Biere ne doivent que la moitié de l'Annuel. Ordonnance de 1680, tit. 29, art. 7.

BESTIAUX.

Droits dûs sur les Bestiaux, à l'Entrée & au Massacre.

Ville de Domfront.

NATURE DES DROITS, & Réglemens qui les autorisent.	Bœuf ou Vache.	Veau ou Genisse.	Mouton, Brebis ou Chev.	Porc.	Livre de Viande.
Édit de Février 1704. Inspecteurs	2 » »	» 1 »	» 4 »	» » »	» » 2
Édit d'Août 1781. Dix sols pour liv.	1 » »	» 6 »	» 2 »	» » »	» » 1
Déclaration du 3 Janvier 1759. Droits Réservés	1 10 »	» 10 »	» 3 6	» 10 »	à propor.
Édit d'Août 1781. Dix sols pour livre, modérés à Six sols par Décision du 19 dudit mois	» 9 »	» 3 »	» 1 0½	» 3 0	*idem.*
TOTAL	4 19 »	1 1 »	» 10 6½	» 13 »	

Bourgs de Juvigny, la Ferté-Macé & Paſſays.

NATURE DES DROITS, & Réglemens qui les autoriſent.	Bœuf ou Vache.	Veau ou Geniſſe.	Mouton, Brebis ou Chev.	Porc.	Livre de Viande.
Édit de Février 1704. Inſpecteurs.........	2 » »	» 12 »	» 4 »	» » »	» » 2
Édit d'Août 1781. Dix ſols pour liv.........	1 » »	» 6 »	» 2 »	» » »	» » 1
Déclaration du 3 Janvier 1759. Droits Réſervés............	1 » »	» 6 8	» 3 »	» 6 8	à proport.
Édit d'Août 1781. Dix ſols pour livre, modérés à Six ſols par Déciſion du 29 dudit mois...........	» 6 »	» 2 »	» » 10½	» 2 »	*idem.*
TOTAL.........	4 6 »	1 6 8	» 9 10½	» 8 8	

DROITS dûs ſur les Beſtiaux, dans les Bourgs de la Ferriere & Lonlay, à l'Entrée & au Maſſacre; dans les Campagnes, par les Bouchers Maîtres & fils de Maîtres, avant l'abatis, & par tous les autres Bouchers, à la Vente hors domicile.

NATURE DES DROITS, & Réglemens qui les autoriſent.	Bœuf ou Vache.	Veau ou Geniſſe.	Mouton, Brebis & Chev.	Livre de Viande.
Édit de Février 1704. Inſpecteurs..............	2 » »	» 12 »	» 4 »	» » 2
Édit d'Août 1781. Dix ſols pour livre............	1 » »	» 6 »	» 2 »	» » 1
TOTAL.........	3 » »	» 18 »	» 6 »	» » 3

DENRÉES ET MARCHANDISES.

DROITS ſur les Bois & Foins, dans la Ville de Domfront.

NATURE DES DROITS, & Réglemens qui les autoriſent.	Charetée de Foin.	Corde de Bois.	Cent de Fagots.	Somme de Cheval.	Somme d'Ane.
Lettres-Patentes du 2 Août 1777. Octrois municipaux................	» 13 6	» 13 6	» 13 6	à propor-	tion.
Édit d'Août 1781. Dix ſols pour livre.....	» 6 9	» 6 9	» 6 9		*idem.*
TOTAL.........	1 » 3	1 » 3	1 » 3		

[9]

Droits sur les Huiles, à la fabrication.

Réglemens.	Nature des Huiles.	Principal	10 s. p. l.	Total.
Déclaration du 21 Mars 1716. Édit d'Août 1781, pour le doublement des Droits & les Dix sols pour livre.	Par livre pesant d'Huile de poisson, d'olive, d'amende, de noix & autres fruits.........	» 1 »	» » 6	» 1 6
	Par livre d'Huile de térébentine, lin, chenevis, rabette, navette & autres graines.....	» » 6	» » 3	» » 9
	Par livre d'Huile d'essence, & autres de plus grande valeur que celles sujettes au droit d'un sol...................	» 2 »	» 1 »	» 3 »
	Si le droit principal est de plus de 3 liv. il est dû pour l'acquit...................	» 5 »	» 2 6	» 7 6
	S'il n'est que de 3 livres ou d'une moindre somme jusqu'à 20 sols inclusivement, le droit d'acquit est de...............	» 2 »	» 1 »	» 3 »

N.ª Le Droit d'Acquit n'a pas lieu, lorsque le principal est au-dessous de 20 sols.

Droits sur les Cuirs & Peaux, en vertu de l'Édit d'Août 1759, & des Arrêts du Conseil des 28 Juin & 13 Nov. 1760, pour le principal, & de l'Édit d'Août 1781, pour les Dix sols pour livre.

OBJETS sujets aux Droits.	Cuirs et Peaux à la Fabrication.			Cuirs et Peaux à l'Exportation.			Cuirs & Peaux à l'Import.
	Principal	10 s. p. l.	Total.	Principal	10 s. p. l.	Total.	
Cuirs de Bœuf & Vaches à fort & à œuvre, Veaux, Moutons, Agneaux, Chevreaux, Porcs & Sangliers, tannés & apprêtés en toutes sortes d'apprêts; par livre pesant.	» 2 »	» 1 »	» 3 »				Dix pour cent de leur valeur.
Chev.ˣ, Mulets & Anes, id.	» 1 »	» » 6	» 1 6				
Cerfs, Elans, Orignaux, id.	» 6 »	» 3 »	» 9 »				
Boucs & Chèvres, id....	» 4 »	» 2 »	» 6 »				
Chamois, Daims & Chevreuils, id............	» 10 »	» 5 »	» 15 »				
Toutes Peaux non-dénommées ci-dessus, 10 pour 100 de leur valeur.	*Mémoire.*						
Cuirs de Bœufs & Vaches, en verd, en demi-apprêt, passant à l'Étranger; la pièce..........	....	....	....	6 » »	3 » »	9 » »	
Peaux de Veaux, *idem*, la pièce..........	....	....	....	1 » »	» 10 »	1 10 »	
Peaux de Moutons, *idem*, la pièce..........	....	....	....	» 10 »	» 5 »	» 15 »	

N.ª Les deux tiers du principal des Droits perçus sur les Cuirs apprêtés, sont rendus, lorsque lesdits Cuirs passent à l'étranger, en remplissant les formalités prescrites par les Réglemens.

Droits sur la Marque d'Or & d'Argent.

Réglemens.	Objets sujets aux Droits.	Principal.	10 f. p. l.	Total.
Ord. de 1681, tit. 2, art. 1er. & Édit de Mai 1723, pour le principal. Édit d'Août 1781, pour les Dix sols pour livre.	Or, par marc......	33 12 »	16 16 »	50 8 »
	Argent, par marc...	2 16 »	1 8 »	4 4 »

Droits sur l'Amidon & Poudre à poudrer.

Nature des Droits, & Réglemens qui les autorisent.	Amidon à la Fabrication.			Amidon et Poudre à poudrer, venant de l'étranger.		
	Par muid de 144 pots.			Par livre pesant.		
Édit de 1771 & Arrêt du Conseil de 1778, Principal..............................	7	10	»	»	4	»
Édit d'Août 1781. Dix sols pour livre....	3	15	»	»	2	»
Total...........	11	5	»	»	6	»

Droits sur les Quittances timbrées pour la Régie & pour les Parties étrangères.

Ordonnance de 1680, tit. 23, Déclaration de 1690, Édit de 1748, Déclaration de 1771, & Lettres-Pat. de 1780, Par Quittance de 5 sols & au-dessus, » » 10
Édit d'Août 1781. Dix sols pour livre.. » » 5

Total............ » 1 3

N.ᵃ Les Congés & Expéditions qui ne font point des Quittances de Droits, doivent les frais de Timbre. Ordonnance de 1681, tit. commun, art. 14, Déclaration de 1771, & Lettres-Patentes de 1780, art. 10.

OBSERVATION GÉNÉRALE.

Les articles de Droits qui, payés séparément, ne forment pas une somme de 6 deniers, ne doivent point de Sols pour livre.

DENOMINATION
DES PARTIES ÉTRANGERES A LA RÉGIE,
dont les Dix sols pour liv. sont dûs au Roi sur le principal des Droits.

NOMS DES LIEUX.	NATURE DES DROITS.
Domfront............	Deuxieme moitié d'Octroi, appartenante à la Ville.

TARIF
DES DROITS DÉPENDANS
DE LA RÉGIE GÉNÉRALE,
Dûs dans la Direction de FALAISE.

BOISSONS.

DROITS sur les Boissons, à l'Entrée & au Brassage,
par muid de 144 pots.

Ville de Falaise.

NATURE DES DROITS, & Réglemens qui les autorisent.	Eau de vie & Liqueur.	Vin de Liqueur.	Vin ordinaire.	Cidre.	Biere.	Poiré.
	l. ß d.	l. ß d.	l. ß d.	l. ß d.	l. ß d.	l. ß d.
Ord. de 1680, tit. 4, art. 1er, Anc. & Nouv. Cinq sols....	....	» 14 »	» 14 »			
Ord. de 1680, tit. 24, art. 1er, tit. 26, art. 3, tit. 27, art. 6, Subvention............	5 8 »	1 7 »	1 7 »	» 13 6	» 13 6	» 6 9
Déclarations des 10 Oct. & 31 Déc. 1689. Jauge Court....	2 5 »	» 15 »	» 15 »	» 9 »	» 9 »	» 9 »
Édit d'Oct. & Arrêt du Conseil du 19 Déc. 1705. Inspect....	1 10 »	» 10 »	» 10 »	» 5 »	» 5 »	» 2 6
Lett. patent. du 1 Août 1777. Octrois municipaux........	....	1 4 »	1 4 »	» 8 1½	» » »	» 6 »
TOTAL......	9 3 »	4 10 »	4 10 »	1 15 7½	1 7 6	1 4 3
Édit d'Août 1781. Dix sols pour livre............	4 11 6	2 5 »	2 5 »	» 17 9¼	» 13 9	» 12 1½
Déclaration du 3 Janv. 1759. Droits réservés..........	14 8 »	6 » »	1 10 »	» 10 »	» 10 »	» 9 »
Édit d'Août 1781. Dix sols pour liv. modérés à Six sols par Décision du 29 dudit....	4 6 4¾	1 16 »	» 9 »	» 3 »	» 3 »	» 1 6
TOTAL GÉNÉRAL...	33 8 10½	14 11 »	8 14 »	3 5 4½	2 14 3	2 2 10½

Bourg de Saint Pierre sur Dives.

NATURE DES DROITS, & Réglemens qui les autorisent.	Eau de vie & Liqueur.	Vin de Liqueur.	Vin ordinaire.	Cidre & Biere.	Poiré.
Ordon. de 1680, tit. 4, art. 1er. Anciens & Nouveaux Cinq sols.............	... .	» 14 »	» 14 »		
Ord. de 1680, tit. 14, art. 1er. tit. 16, art. 3, tit. 17, art. 6. Subvention..	5 8 »	1 7 »	1 7 »	» 13 6	» 6 9
Déclar. des 10 Oct. & 31 Déc. 1689. Jauge-Courtage.............	2 5 »	» 15 »	» 15 »	» 9 »	» 9 »
Édit d'Oct. & Arrêt du Conseil du 19 Déc. 1705. Inspecteurs.............	1 10 »	» 10 »	» 10 »	» 5 »	» 2 6
Lettres-Pat. du 2 Août 1777. Octrois municipaux.............	1 » »	» 6 8	» 6 8	» 3 4	» 1 8
TOTAL.....	10 3 »	3 12 8	3 12 8	1 10 10	» 19 11
Édit d'Août 1781. Dix sols pour liv.	5 1 6	1 16 4	1 16 4	» 15 5	» 9 11½
Décl. du 3 Janv. 1759. Droits Réservés.	14 8 »	6 » »	1 5 »	» 10 »	» 5 »
Édit d'Août 1781. Dix sols pour liv. mod. à Six sols par Décision du 29 dud.	4 6 4½	1 16 »	» 7 6	» 3 »	» 1 6
TOTAL GÉNÉRAL...	33 18 10½	13 5 »	7 1 6	2 19 3	1 16 4½

Bourgs de Briouse, Harcourt & Mezidon.

NATURE DES DROITS, & Réglemens qui les autorisent.	Eau de vie & Liqueur.	Vin de Liqueur.	Vin ordinaire.	Cidre & Biere.	Poiré.
Ordon. de 1680, tit. 4, art. 1er. Anciens & Nouveaux Cinq sols.............	... .	» 14 »	» 14 »		
Ord. de 1680, tit. 14, art. 1er. tit. 16, art. 3, tit. 17, art. 6. Subvention..	5 8 »	1 17 »	1 7 »	» 13 6	» 6 9
Déclar. des 10 Oct. & 31 Déc. 1689. Jauge Courtage.............	2 5 »	» 15 »	» 15 »	» 9 »	» 9 »
Édit d'Oct. & Arrêt du Conseil du 19 Déc. 1705. Inspecteurs.............	1 10 »	» 10 »	» 10 »	» 5 »	» 2 6
TOTAL.....	9 3 »	3 6 »	3 6 »	1 7 6	» 18 3
Édit d'Août 1781. Dix sols pour liv.	4 11 6	1 13 »	1 13 »	» 13 9	» 9 1½
Décl. du 3 Janv. 1759. Droits Réservés.	14 8 »	6 » »	1 » »	» 10 »	» 5 »
Édit d'Août 1781. Dix sols pour liv. mod. à Six sols par Décision du 29 dud.	4 6 4½	1 16 »	» 6 »	» 3 »	» 1 6
TOTAL GÉNÉRAL...	31 8 10½	11 15 »	6 5 »	2 14 3	1 13 10½

Bourg de la Carneille.

NATURE DES DROITS, & Réglemens qui les autorisent.	Eau de vie & Liqueur.	Vin ordinaire & de Liq.	Cidre & Biere.	Poiré.
Ordonnance de 1680, tit. 4, art. 1er. Anciens & Nouveaux Cinq sols.............	... .	» 14 »		
Ordon. de 1680, tit. 24, art. 1er. tit. 16, art. 3, tit. 27, art. 6. Subvention.............	5 8 »	1 7 »	» 13 6	» 6 9
Déclar. des 10 Oct. & 11 Déc. 1689. Jauge-Court.	2 5 »	» 15 »	» 9 »	» 9 »
Édit d'Oct. & Arrêt du Cons. du 29 Déc. 1705. Insp.	1 10 »	» 10 »	» 5 »	» 2 6
TOTAL.....	9 3 »	3 6 »	1 7 6	» 18 3
Édit d'Août 1781. Dix sols pour livre.........	4 11 6	1 13 »	» 13 9	» 9 1
TOTAL GÉNÉRAL...	13 14 6	4 19 »	2 1 3	1 7 4½

OBSERVATION.

Les Nobles font exempts, pour leur confommation feulement, fur les Boiffons provenant de leur crû, & les Eccléfiaftiques fur celles du crû de leur Bénéfice, les premiers de la Subvention, les feconds de la Subvention, des Nouveaux Cinq fols, de la Jauge-Courtage, & des Droits Réfervés, en fe conformant aux formalités prefcrites par les Réglemens.

DROIT de Six livres Quinze fols par muid de 144 pots, fur l'Eau-de-vie de vin.

Ordonnance de 1680, tit. 26. art. 1er............................	6	15	»
Édit d'Août 1781. Dix fols pour livre............................	3	7	6
TOTAL...........	10	2	6

N.ª Le Droit de 6 liv. 15 fols eft dû fur l'Eau-de-vie de vin, à l'Entrée des Lieux fujets, & à l'arrivée dans les Lieux non-fujets, lorfqu'il n'eft pas juftifié qu'il a été acquitté en route, ou aux premiers Bureaux de paffage. Édit de Décembre 1686, & Lettres-Patentes du 28 Juin 1722.

L'Eau-de-vie rectifiée & l'Efprit-de-vin font affujettis par la Déclaration du 9 Déc. 1687, à payer, fçavoir, l'Eau-de-vie rectifiée le double, l'Efprit-de-vin le triple des Droits de 6 liv. 15 fols, & de la Subvention ; & ces Liqueurs payent les autres Droits comme l'Eau-de-vie fimple.

DROIT de Contrôle fur la Biere, par muid de 144 pots.

Ordonnance de 1680, tit. 27, art. 1er..............................	1	10	»
Édit d'Août 1781. Dix fols pour livre..............................	»	15	»
TOTAL...........	2	5	»

N.ª. Le Droit de Contrôle fur la Biere, eft dû dans les Brafferies, en tous les lieux où elle eft façonnée. Ordonnance ci-deffus citée.

DROITS dûs fur le Vin, à la fortie du Royaume, par muid de 144 pots.

Ordonnance de 1680, tit. 4, art. 16. Anciens & Nouveaux Cinq fols..	»	14	»
Édit d'Août 1781. Dix fols pour livre............................	»	7	»
TOTAL...........	1	1	»

N.ª. Il fe perçoit auffi à la fortie du Royaume, des Droits de Jauge Courtage fur le Vin & l'Eau-de-vie, avec les Dix fols pour livre ; mais ils ont été réunis à la Ferme générale.

DROITS DE GROS.

Par Arrêt du Confeil du 13 Mars 1753, le Vin deftiné pour être confommé dans la Province de Normandie, étant exempt des Droits de Gros au paffage, ces Droits font dûs lorfqu'il s'enleve de Normandie pour aller à l'Étranger ou dans une autre Province : ils confiftent dans le Vingtiéme du prix de la vente, l'Augmentation de 16 fols 3 den. & le Droit de Courtage de 10 fols par muid.

Exemple pour du Vin vendu 150 liv. le muid.

Gros ou vingtieme du prix de la vente.	7 10 »		
Augmentation.........................	» 16 3	} 8 16 3	
Courtage.............................	» 10 »		} 13 4 4½
Édit d'Août 1781. Dix sols pour livre...........	4 8 1½		

DROITS dûs à la Vente & Revente des Boissons, sous la dénomination de Courtiers-Jaugeurs, dans les Paroisses de la Direction, dépendantes des Généralités ci-après : SAVOIR ;

Généralité d'Alençon.

BOISSONS.	NATURE DES DROITS, & Réglemens qui les autorisent.	Iᵉʳ. ENLÈVEMENT.		IIᵉ. ENLÈVEMENT.	
		QUOTITÉ de chaque Droit.	TOTAL.	QUOTITÉ de chaque Droit.	TOTAL.
Eau-de-vie par baril de 18 à 19 veltes.	Tarif du 16 Octobre 1696. Courtiers-Jaugeurs.......	» 18 »	} 1 7 »	» 10 »	} » 15 »
	Édit d'Août 1781. 10 f. p. liv.	» 9 »		» 5 »	
Liqueur par muid de 144 pots.	Tarif du 16 Octobre 1696. Courtiers-Jaugeurs.......	1 18 »	} 2 17 »	1 10 »	} 2 5 »
	Édit d'Août 1781. 10 f. p. liv.	» 19 »		» 15 »	
Vin par muid ou demi-queue.	Tarif du 16 Octobre 1696. Courtiers-Jaugeurs.......	» 9 »	} » 13 6	» 5 »	} » 7 6
	Édit d'Août 1781. 10 f. p. liv.	» 4 6		» 2 6	
Bière, Cidre & Poiré, par muid.	Tarif du 16 Octobre 1696. Courtiers-Jaugeurs.......	» 4 6	} » 6 9	» 2 6	} » 3 9
	Édit d'Août 1781. 10 f. p. liv.	» 2 3		» 1 3	

Généralité de Caen.

BOISSONS.	NATURE DES DROITS, & Réglemens qui les autorisent.	Iᵉʳ. ENLÈVEMENT.		IIᵉ. ENLÈVEMENT.	
		QUOTITÉ de chaque Droit.	TOTAL.	QUOTITÉ de chaque Droit.	TOTAL.
Eau-de-vie par baril de 18 à 19 veltes.	Tarif du 16 Juin 1722. Courtiers-Jaugeurs...........	» 18 »	} 1 7 »	» 9 »	} » 13 6
	Édit d'Août 1781. 10 f. p. liv.	» 9 »		4 6 »	
Liqueur par muid de 144 pots.	Tarif du 16 Juin 1722. Courtiers-Jaugeurs...........	1 18 »	} 2 17 »	1 10 »	} 2 5 »
	Édit d'Août 1781. 10 f. p. liv.	» 19 »		» 15 »	
Vin par muid ou demi-queue.	Tarif du 16 Juin 1722. Courtiers-Jaugeurs...........	» 9 »	} » 13 6	» 5 »	} » 7 6
	Édit d'Août 1781. 10 f. p. liv.	» 4 6		» 2 6	
Bière, Cidre & Poiré, par muid.	Tarif du 16 Juin 1722. Courtiers-Jaugeurs...........	» 4 6	} » 6 9	» 2 6	} » 3 9
	Édit d'Août 1781. 10 f. p. liv.	» 2 3		» 1 3	

Généralité de Rouen.

BOISSONS.	NATURE DES DROITS, & Réglemens qui les autorisent.	Iᵉʳ. ENLÈVEMENT.		IIᵉ. ENLÈVEMENT.	
		QUOTITÉ de chaque Droit.	TOTAL.	QUOTITÉ de chaque Droit.	TOTAL.
Eau-de-vie par muid de 144 pots.	Tarif du 16 Octobre 1696. Courtiers-Jaugeurs.......	1 10 8	} 2 6 »	1 » »	} 1 10 »
	Édit d'Août 1781. 10 f. p. liv.	» 15 4		» 10 »	
Liqueur par muid de 144 pots.	Tarif du 16 Octobre 1696. Courtiers-Jaugeurs.......	1 18 »	} 2 17 »	1 » »	} 2 5 »
	Édit d'Août 1781. 10 f. p. liv.	» 19 »		» 15 »	
Vin par muid ou demi-queue.	Tarif du 16 Octobre 1696. Courtiers-Jaugeurs.......	» 6 6	} » 9 9	» 2 6	} » 3 9
	Édit d'Août 1781. 10 f. p. liv.	» 3 3		» 1 3	
Bière, Cidre & Poiré, par muid de 144 pots.	Tarif du 16 Octobre 1696. Courtiers-Jaugeurs.......	» 3 3	} » 4 10½	» 1 3	} » 1 10½
	Édit d'Août 1781. 10 f. p. liv.	» 1 7½		» » 7½	

DROITS dûs à la Vente en détail des Boissons, dans toute l'étendue de la Direction, excepté la Ville de Falaise, par muid de 144 pots.

NATURE DES DROITS, & Réglemens qui les autorisent.	Eau de vie à 3 liv. le pot.	Vin à 1 sol la pinte.	Cidre à 6 den. la pinte.	Poiré à 6 den. la pinte.	Biere à 12 sols le pot.
Le Quatrieme sur l'Eau-de-vie est le tiers du prix de la Vente. Edit de Déc. 1686............	144 » »				
Le Quatrieme sur le Vin, Cidre & Poiré, est réduit au cinquieme. Ordonn. de 1680, tit. 14, art. 1er. & 2........	....	3 18 »	1 18 »	1 18 »	
Le quatrieme sur la Biere est le quart du prix de la Vente, avec le parisis sol & 6 den. Ordonn. de 1680, tit. 27, art. 6..	....	....	....	....	29 1 3
Edit d'Août 1781. Dix sols pour liv. modérés à Huit sols par Décis. du 29 dud.	17 12 »	1 11 1½	» 15 2¾	» 15 2½	11 12 6
TOTAL........	201 12 »	5 9 2½	2 13 2½	2 13 2	40 13 9
Subvention à la consommation. Ord. de 1680, tit. 26, art. 3, pour l'Eau-de-vie; tit. 23, art. 1er. & 2 pour les Vin, Cidre & Poiré; & tit. 27, art. 6, pour la Biere............	5 8 »	1 7 »	» 13 6	» 6 9	» 13 6
Déclar. du 10 Oct. 1689. Jauge-Court.	2 5 »	» 15 »	» 9 »	» 9 »	» 9 »
TOTAL........	7 13 »	2 2 »	1 2 6	» 15 9	1 2 6
Edit d'Août 1781. Dix sols pour liv..	3 16 6	1 1 »	» 11 3	» 7 10½	» 11 3
TOTAL de la Subvention, Jauge-Courtage & Dix sols pour liv.....	11 9 6	3 3 »	1 13 9	1 3 7½	1 13 9
Rapport du Quatrieme & Huit sols pour livre............	201 12 »	5 9 2½	2 13 2½	2 13 2½	40 13 9
TOTAL GÉNÉRAL...	213 1 6	8 12 2½	4 6 11½	3 16 9 2/10	42 7 6

LORSQUE le Vin est vendu plus d'un sol la pinte, les Droits de Quatrième sont augmentés à raison de 3 liv. 18 sols par chaque sol, & lorsque les Cidre & Poiré sont aussi vendus plus de 6 deniers la pinte, les Droits sont augmentés à raison de 6 sols par chaque denier. Art. ci-dessus cités.

Il est encore à observer que le Droit de Jauge-Courtage au détail ne se perçoit dans aucuns des lieux où il a été payé à l'Entrée.

DROITS dûs à la Vente en détail des Boissons, dans la Ville de Falaise, par muid de 144 pots.

NATURE DES DROITS, & Réglemens qui les autorisent.	Eau de vie à 3 liv. le pot.			Vin à 1 sol la pinte.			Cidre à 6 den. la pinte.			Poiré à 6 den. la pinte.			Biere à 12 sols le pot.		
Subvention à la consommation, dont les autorités sont cités au Tableau précédent..........	5	8	»	1	7	»	»	13	6	»	6	9	»	13	6
Ordonnance de 1681, tit 3. Premiere moitié d'Octroi..............	......			0	15	»	»	»	9	»	»	9	»	»	»
TOTAL......	5	8	»	2	»	»	»	14	3	»	7	6	»	13	6
Édit d'Août 1781. Dix sols pour livre..	2	14	»	1	1	»	»	7	1½	»	3	9	»	6	9
Rapport des Droits du Quatrieme, détaillés au Tableau précédent.......	201	12	»	5	9	1⅖	2	17	2½	2	13	2⅖	40	13	9
TOTAL GÉNÉRAL...	209	14	»	8	12	2⅖	3	14	6⅚	3	4	5⅘	41	14	»

Les Droits de Détail expliqués dans les Tableaux précédens, sont également dûs sur les Boissons arrivantes & transportées en bouteilles & autres vaisseaux au-dessous de 7 pintes mesure de Paris : Lettres-Patentes du 25 Mai 1728, aux exceptions y portées, & qui tombent sur le Vin de liqueur venant en caisses, les Vins de Champagne gris, arrivans en paniers de 100 bouteilles, en destination pour la Province ; les Vins en panniers de 50 bouteilles, en destination pour l'Étranger, & les Vins en bouteilles pour la provision des Personnes qui vont aux Eaux de Forges, & de celles qualifiées qui vont passer quelque tems dans leurs Terres ; le tout en se conformant aux formalités prescrites par lesdites Lettres-Patentes.

Les Eaux-de-vie transportées en barils au-dessous de 60 pintes, sont aussi assujetties aux Droits de Détail : Lettres-Patentes du 24 Août 1728. Ces Droits sont encore dûs par les Bouilleurs & Marchands en gros d'Eau-de-vie, sur les manquans à leurs charges, déduction faite du 21e pour 20 : Lettres-Patentes ci-dessus citées. Et les Soumissionnaires d'Eau-de-vie sont assujettis au payement du double desdits Droits, sur les Eaux-de-vie pour lesquelles ils ne rapportent pas, dans les trois mois, Certificats d'arrivée : Lettres-Patentes des 7 Juin 1727 & 2 Mars 1728.

DROIT ANNUEL.

Dans les Villes..... { Ord. de 1680, tit. 19, art. 1er. Annuel. 8 » » } 12 » »
{ Edit d'Août 1781. Dix sols pour livre.. 4 » » }

Dans les autres Lieux. { Ord. de 1680, tit. 19, art. 1er. Annuel. 6 10 » } 9 15 »
{ Edit d'Août 1781. Dix sols pour livre.. 3 5 » }

CE DROIT est dû par tous les Marchands en gros, Bouilleurs, Brasseurs, Cabaretiers, Taverniers & autres vendans en détail ; & les Détailleurs de Biere ne doivent que la moitié de l'Annuel. Ordon. de 1680, tit. 19, art. 7.

BESTIAUX.

DROITS dûs à l'Entrée & au Massacre, sur les Bestiaux.

Ville de Falaise.

NATURE DES DROITS, & Réglemens qui les autorisent.	Bœuf ou Vache.	Veau ou Genisse.	Mouton, Brebis ou Chev.	Porc.	Livre de Viande.
Édit de Février 1704. Inspecteurs.........	2 » »	» 12 »	» 4 »	» » »	» » 2
Édit d'Août 1781. Dix sols pour liv.........	1 » »	» 6 »	» 2 »	» » »	» » 1
Déclaration du 3 Janvier 1759. Droits Réservés......................	2 » »	» 13 4	» 5 »	» 13 4	à proport.
Édit d'Août 1781. Dix sols pour livre, modérés à Six sols par Décision du 29 dudit mois......................	» 12 »	» 4 »	» 1 6	» 4 »	idem.
TOTAL.......	5 12 »	1 15 4	» 12 6	» 17 4	

Bourg de Saint Pierre sur Dives.

NATURE DES DROITS, & Réglemens qui les autorisent.	Bœuf ou Vache.	Veau ou Genisse.	Mouton, Brebis ou Chev.	Porc.	Livre de Viande.
Édit de Février 1704. Inspecteurs.........	2 » »	» 12 »	» 4 »	» » »	» » 2
Édit d'Août 1781. Dix sols pour liv.........	1 » »	» 6 »	» 2 »	» » »	» » 1
Déclaration du 3 Janvier 1759. Droits Réservés......................	1 10 »	» 10 »	» 3 6	» 10 »	à proport.
Édit d'Août 1781. Dix sols pour livre, modérés à Six sols par Décision du 29 dudit mois......................	» 9 »	» 3 »	» 1 $\frac{4}{6}$	» 3 »	idem.
TOTAL.......	4 19 »	1 11 »	» 10 6 $\frac{4}{6}$	» 13 »	

Bourgs de Briouze, Harcourt & Mezidon.

NATURE DES DROITS, & Réglemens qui les autorisent.	Bœuf ou Vache.	Veau ou Genisse.	Mouton, Brebis ou Chev.	Porc.	Livre de Viande.
Édit de Février 1704. Inspecteurs.........	2 » »	» 12 »	» 4 »	» » »	» » 2
Édit d'Août 1781. Dix sols pour liv.........	1 » »	» 6 »	» 2 »	» » »	» » 1
Déclaration du 3 Janvier 1759. Droits Réservés......................	1 » »	» 6 8	» 3 »	» 6 8	à prop^m.
Édit d'Août 1781. Dix sols pour livre, modérés à Six sols par Décision du 29 dudit mois......................	» 6 »	» 2 »	» » 10 $\frac{1}{2}$	» 2 »	idem.
TOTAL.......	4 6 »	1 6 8	» 9 10 $\frac{1}{2}$	» 18 8	

DROITS dûs sur les Bestiaux dans le Bourg de la Carneille, à l'Entrée & au Massacre, dans les Campagnes, par les Bouchers Maîtres & fils de Maîtres avant l'abatis, & par les autres Bouchers à la Vente hors domicile.

NATURE DES DROITS, & Réglemens qui les autorisent.	Bœuf ou Vache.	Veau ou Genisse.	Mouton, Brebis & Chev.	Livre de Viande.
Édit de Février 1704. Inspecteurs............	2 » »	» 12 »	» 4 »	» » 2
Édit d'Août 1781. Dix sols pour livre............	1 » »	» 6 »	» 2 »	» » 1
TOTAL........	3 » »	» 18 »	» 6 »	» » 3

DENRÉES ET MARCHANDISES.

DROITS sur les Bois & Foins dans la Ville de Falaise.

Savoir :

SUR LES BOIS.

NATURE DES DROITS, & Réglemens qui les autorisent.	Voiture à un Cheval.	Voiture à deux Chev.	Voiture à trois Chev.	Somme de Cheval.	Somme d'Ane.
Lettres-Patentes du 2 Août 1777. Octrois municipaux........	» 2 4	» 4 8	» 7 »	à proportion.	
Édit d'Août 1781. Dix sols pour livre.....	» 1 2	» 2 4	» 3 6	idem.	
Déclar. du 3 Janv. 1759, & Arrêt du Conseil du 13 Sept. 1776. Droits Réservés......	» 5 »	» 7 6	» 10 »	» 1 »	» 6 »
Édit d'Août 1781. Dix sols pour livre, modérés à Six sols par Décision du 29 dudit mois.....	» 1 6	» 2 3	» 5 »	» » 3½	» » 3½
TOTAL........	» 10 »	» 21	1 3 6		

SUR LES FOINS.

NATURE DES DROITS, & Réglemens qui les autorisent.	Voiture à un Cheval.	Voiture à deux Chev.	Voiture à trois Chev.	Somme de Cheval.	Somme d'Ane.
Lettres-Patentes du 2 Août 1777. Octrois municipaux........	» 1 10	» 3 8	» 7 »	à proportion.	
Édit d'Août 1781. Dix sols pour livre.....	» » 11	» 1 10	» 3 6	idem.	
Déclar. du 3 Janv. 1759, & Arrêt du Conseil du 13 Sept. 1776. Droits Réservés......	» 5 »	» 7 6	» 10 »	» 1 »	» » 6
Édit d'Août 1781. Dix sols pour livre, modérés à Six sols par Décision du 29 dudit mois.....	» 1 6	» 2 3	» 1 »	» » 3½	» » 1½
TOTAL GÉNÉRAL...	» 9 3	» 15 3	1 3 6		

N°. Au-dessus de trois chevaux, chaque cheval augmente le Droit à proportion, & il n'y a de Bois exempts que ceux désignés dans les Lettres-Patentes du 4 Août 1778, & qui sont les Bourées & Fagots sans paremens, de ronces, épines, &c.

DROITS sur les Huiles, à la fabrication.

RÉGLEMENS.	NATURE DES HUILES.	Principal	10 s. p. l.	TOTAL.
Déclaration du Roi, du 21 Mars 1716. Édit d'Août 1781, pour le doublement & les Dix sols pour livre.	Par livre pesant d'Huile de poisson, d'olive, d'amende, de noix & autres fruits........	» 1 »	» » 6	» 1 6
	Par livre d'Huile de térébenthine, lin, chenevis, rabette, navette & autres graines....	» » 6	» » 3	» » 9
	Par livre d'Huile d'essence, & autres de plus grande valeur que celles sujettes au droit d'un sol....	» 2 »	» 1 »	» 3 »
	Si le droit principal est de plus de 3 liv. il est dû pour l'acquit....	» 5 »	» 2 6	» 7 6
	S'il n'est que de 3 livres ou d'une moindre somme jusqu'à 20 sols inclusivement, le droit d'acquit est de....	» 2 »	1 » »	» 3 »

N.ª Le Droit d'Acquit n'a pas lieu, lorsque le principal est au dessous de 20 sols.

DROITS sur les Cuirs & Peaux, en vertu de l'Édit d'Août 1759, & des Arrêts du Conseil des 28 Juin & 13 Nov. 1760, pour le principal, & de l'Édit d'Août 1781, pour les Dix sols pour livre.

OBJETS sujets aux DROITS.	CUIRS ET PEAUX à la Fabrication.			CUIRS ET PEAUX à l'Exportation.			CUIRS & Peaux à l'Import.
	Principal	10 s. p. l.	Total.	Principal	10 s. p. l.	Total.	
Bœufs & Vaches à fort & à œuvre, Veaux, Moutons, Agneaux, Chevreaux, Porcs & Sangliers, tannés & apprêtés en toutes sortes d'apprêts; par livre pesant.	» 2 »	» 1 »	» 3 »				Dix pour cent de leur valeur.
Chevaux, Mulets & Asnes.	» 1 »	» » 6	» 1 6				
Cerfs, Élans, Orignaux.	» 6 »	» 3 »	» 9 »				
Boucs & Chèvres......	» 4 »	» 2 »	» 6 »				
Chamois, Daims & Chevreuils....	» 10 »	» 5 »	» 15 »				
Toutes Peaux non-dénommées ci-dessus, 10 pour 100 de leur valeur.	*Mémoire.*						
Cuirs de Bœufs & Vaches, en verd, en demi-apprêt, passant à l'Étranger; la pièce....	....	....	....	6 » »	3 » »	9 » »	
Peaux de Veaux, *idem*, la pièce....	....	....	....	1 » »	» 10 »	1 10 »	
Peaux de Moutons, *idem*, la pièce....	....	....	....	» 10 »	» 5 »	» 15 »	

N.ª Les deux tiers du principal des Droits perçus sur les Cuirs apprêtés, sont rendus, lorsque lesdits Cuirs passent à l'étranger, en remplissant les formalités prescrites par les Réglemens.

DROITS sur la Marque d'Or & d'Argent.

RÉGLEMENS.	OBJETS SUJETS AUX DROITS.	Principal.	10 C p. l.	TOTAL.
Ord. de 1681, tit. 2, art. 1er. & Édit de Mai 1723, pour le principal. Édit d'Août 1781, pour les Dix fols pour livre. { Or, par marc......	33 13 »	16 16 »	50 8 »
	Argent, par marc...	2 16 »	1 8 »	4 4 »

DROITS sur l'Amidon & Poudre à poudrer.

NATURE DES DROITS, & Réglemens qui les autorifent.	AMIDON à la Fabrication.			AMIDON ET POUDRE venant de l'étranger.		
	Par muid de 144 pots.			Par livre pefant.		
Édit de 1771 & Arrêt du Confeil de 1778, Principal........................	7	10	»	»	4	»
Édit d'Août 1781, Dix fols pour livre....	3	15	»	»	2	»
TOTAL........	11	5	»	»	6	»

DROITS sur les Quittances timbrées pour la Régie & pour les Parties étrangères.

Ordonnance de 1680, tit. 33, Déclaration de 1690, Édit de 1748, Déclaration de 1771, & Lettres-Pat. de 1780. Par Quittance de 5 fols & au deffus. » » 10

Édit d'Août 1781. Dix fols pour livre.. » » 5

TOTAL.......... » 1 3

N.a Les Congés & Expéditions qui ne font point des Quittances de Droits, doivent les frais de Timbre. Ordonnance de 1681, tit. commun, art. 16, Déclaration de 1771, & Lettres-Patentes de 1780, art. 10.

OBSERVATION GÉNÉRALE.

Les articles de Droits qui, payés féparément, ne forment pas une fomme de 6 deniers, ne doivent point de Sols pour livre.

DENOMINATION

DES PARTIES ÉTRANGERES A LA RÉGIE,

dont les Dix sols pour liv. sont dús au Roi sur le principal des Droits.

NOMS DES LIEUX.	DÉNOMINATION DES DROITS.
Ville de Falaise......	Tarif. Droits d'Hôpital. Deuxieme moitié d'Octroi. Poids-le-Roi.

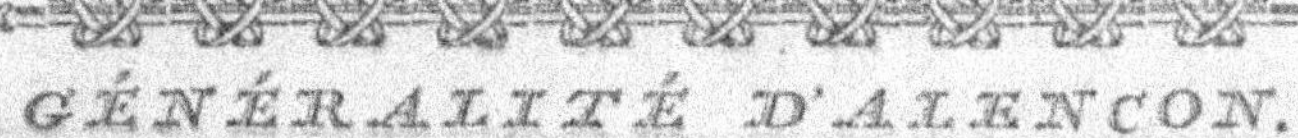

TARIF DES DROITS
DÉPENDANS DE LA RÉGIE GÉNÉRALE,
DUS DANS LA DIRECTION
DE LISIEUX.

BOISSONS.

DROITS dus sur les Boissons, à l'entrée & au brassage, par muid de 144 pots.

VILLE DE LISIEUX.

Nature des Droits, et Reglemens qui les autorisent.	Eau-de-Vie à Liqueur.	Vin de Liqueur.	Vin ordinaire.	Cidre.	Bière.	Poiré.
	l. s. d.	l. s. d.	l. s. d.	l. s. d.	l. s. d.	l. s. d.
Ordonnance de 1680, tit. 4, art. 1er. anciens & nouveaux, 5 s.		14.	14.			
Ordonnance de 1680, tit. 24, art. 1er. tit. 26, art. 3, tit. 17, art. 6, Subvention	5. 8.	1. 7.	1. 7.	13. 6.	13. 6.	6. 9.
Déclarations des 10 Oct. & 11 Déc. 1689, Jauge-Courtage	2. 5.	15.	15.	9.	9.	9.
Édit d'Octob. & Arrêt du Conseil du 29 Déc. 1705, Inspecteurs	1. 10.	10.	10.	5.	5.	2. 6.
Lettres-Patentes des 3 Oct. 1626 & 28 Fév. 1656, 1re. moitié d'Octrois		2. 8¼	2. 8¼			
Lettres-Patentes du 1 Août 1777, Octrois municipaux		1.	1.	6.		4.
TOTAL	9. 3.	5. 8. 8¼	5. 8. 8¾	1. 13. 6.	1. 7. 6.	1. 2. 3.
Édit d'Août 1781, 10 sols pour livre	4. 11. 6.	2. 14. 4⅓	2. 14. 4¼	16. 9.	13. 9.	11. 1½
Déclaration du 5 Janv. 1759, Droits réservés	14. 8.	6.	1. 10.	10.	10.	5.
Édit d'Août 1781, 10 s. pour livre modérés à 6 s. par décision du 29 dudit mois	4. 6. 4¼	1. 16.	9.	1.	5.	1. 6.
TOTAL GÉNÉRAL	32. 8. 10¼	15. 19. ¾	10. 2. ¾	3. 3. 3.	2. 14. 3.	1. 19. 10½

Nature des Droits, et Réglemens qui les autorisent.	Eau-de-Vie & Liqueur.	Vin de Liqueur.	Vin ordinaire.	Cidre.	Biere.	Poiré.
	l. ſ. d.	l. ſ. d.	l. ſ. d.	l. ſ. d.	l. ſ. d.	l. ſ. d.
Ordonnance de 1680, tit. 4, art. 1er, anciens & nouveaux, 5 ſols......	" " "	" 14. "	" 14. "	" " "	" " "	" " "
Ordonnance de 1680, tit. 24, art. 1er, tit. 16, art. 3, tit. 27, art. 6, Subvention........	5. 8. "	1. 7. "	1. 7. "	" 13. 6.	" 13. 6.	" 6. 9.
Déclarations des 10 Oct. & 31 Déc. 1689, Jauge-Courtage............	2. 5. "	" 15. "	" 15. "	" 9. "	" 9. "	" 9. "
Edit d'Octob. & Arrêt du Conseil du 29 Déc. 1705, Inspecteurs.......	1. 10. "	" 10. "	" 10. "	" 5. "	" 5. "	" 2. 6.
Lettres-Patentes du 2 Août 1777, Octrois municipaux.............	" " "	1. 7. "	1. 7. "	" 12. "	" " "	" 4. "
TOTAL...	9. 3. "	4. 13. "	4. 13. "	1. 19. 6.	1. 7. 6.	1. 2. 3.
Edit d'Août 1781, 10ſ. pour livre...........	4. 11. 6.	2. 6. 6.	2. 6. 6.	" 19. 9.	" 13. 9.	" 11. 1½
Déclaration du 3 Janv. 1759, Droits réservés....	14. 8. "	6. " "	1. 5. "	" 10. "	" 10. "	" 5. "
Edit d'Août 1781, 10ſ. pour livre, modérés à 6ſ. par décision du 29 dudit mois.............	4. 6. 4¾	1. 16. "	" 7. 6.	" 3. "	" 3. "	" 1. 6.
TOTAL GÉNÉRAL.....	32. 8. 10¾	14. 15. 6.	8. 12. "	3. 12. 3.	2. 14. 3.	1. 19. 10½

BOURG DE LIVAROT.

NATURE DES DROITS, ET RÉGLEMENS qui les autorisent.	EAU-DE-VIE & LIQUEUR.			VIN DE LIQUEUR.			VIN ordinaire.			CIDRE & BIERE.			POIRÉ.		
	l.	s.	d.	l.	s.	d.	l.	s.	d.	l.	s.	d.	l.	s.	d.
Ordonnance de 1680, tit. 4, art. 1er. anciens & nouveaux, 5 f.	″	″	″	″	14.	″	″	14.	″	″	″	″	″	″	″
Ordonnance de 1680, tit. 24, art. 1er. titre 26, art. 3, titre 27, art. 6, Subvention.	5.	8.	″	1.	7.	″	1.	7.	″	″	13.	6.	″	6.	9.
Déclarations des 10 Oct. & 31 Décembre 1689, Jauge-Courtage.	2.	5.	″	″	15.	″	″	15.	″	″	9.	″	″	9.	″
Edit d'Octob. & Arrêt du Conseil du 29 Décembre 1705, Inspecteurs.	1.	10.	″	″	10.	″	″	10.	″	″	5.	″	″	2.	6.
Lettres-Patentes du 1 Août 1777, Octrois municipaux.	1.	″	″	″	6.	8.	″	6.	8.	″	3.	4.	″	1.	8.
TOTAL.	10.	3.	″	3.	12.	8.	3.	12.	8.	1.	10.	10.	″	19.	11.
Edit d'Août 1781, 10 sols pour livre.	5.	1.	6.	1.	16.	4.	1.	16.	4.	″	15.	5.	″	9.	11¼
Déclaration du 3 Janvier 1759, Droits réservés.	14.	8.	″	6.	″	″	1.	″	″	″	10.	″	″	5.	″
Edit d'Août 1781, 10 f. pour livre modérés à 6 sols, par décision du 19 dudit mois.	4.	6.	4¾	1.	16.	″	″	6.	″	″	3.	″	″	2.	6.
TOTAL GÉNÉRAL.	33.	17.	10¾	13.	5.	″	6.	15.	″	2.	19.	3.	1.	16.	4¾

BOURGS DE FERVAQUES, LIEURAY, GACÉ, LE SAP ET THIBERVILLE.

NATURE DES DROITS, ET RÉGLEMENS qui les autorisent.	EAU-DE-VIE & LIQUEUR.			VIN DE LIQUEUR.			VIN ordinaire.			CIDRE & BIERE.			POIRÉ.		
	l.	s.	d.	l.	s.	d.	l.	s.	d.	l.	s.	d.	l.	s.	d.
Ordonnance de 1680, tit. 4, art. 1er. anciens & nouveaux, 5 sols.	″	″	″	″	14.	″	″	14.	″	″	″	″	″	″	″
Ordonnance de 1680, tit. 24, art. 1er. tit. 26, art. 3, tit. 27, art. 6, Subvention.	5.	8.	″	1.	7.	″	1.	7.	″	″	13.	6.	″	6.	9.
Déclarations des 10 Octob. & 31 Décemb. 1689, Jauge-Courtage.	2.	5.	″	″	15.	″	″	15.	″	″	9.	″	″	9.	″
Edit d'Octob. & Arrêt du Conseil du 29 Décemb. 1705, Inspecteurs.	1.	10.	″	″	10.	″	″	10.	″	″	5.	″	″	2.	6.
TOTAL.	9.	3.	″	3.	6.	″	3.	6.	″	1.	7.	6.	″	18.	3.
Edit d'Août 1781, 10 f. pour livre.	4.	11.	6.	1.	13.	″	1.	13.	″	″	13.	9.	″	9.	1¼
Déclaration du 3 Janvier 1759, Droits réservés.	14.	8.	″	6.	″	″	1.	″	″	″	10.	″	″	5.	″
Edit d'Août 1781, 10 f. pour livre modérés à 6 f. par décision du 19 dudit mois.	4.	6.	4¾	1.	16.	″	″	6.	″	″	3.	″	″	1.	6.
TOTAL GÉNÉRAL.	32.	8.	10¾	12.	13.	″	6.	5.	″	2.	14.	3.	1.	13.	10¾

OBSERVATION.

Les Nobles sont exempts pour leur consommation seulement, sur les boissons prove-
nans de leur crû, & les Ecclésiastiques sur celles de leur crû de Bénéfice ; les premiers,
de la Subvention ; les second, de la Subvention des nouveaux 5 sols, de la Jauge-
Courtage & des Droits réservés, en se conformant aux formalités prescrites par les
Réglemens.

Droit de 6 liv. 15 sols par muid de 144 pots sur l'Eau-de-Vie de Vin.

	l.	f.	d.
Ordonnance de 1680, titre 26, art. premier	6	15	"
Edit d'Août 1781, 10 sols pour livre	3	7	6
TOTAL	10	2	6

Nota. Le Droit de 6 liv. 15 sols est dû sur l'Eau-de-Vie de Vin, à l'entrée des lieux
sujets, & à l'arrivée dans les lieux non sujets, lorsqu'il n'est pas justifié qu'il a été acquitté
en route ou aux premiers Bureaux de passage. Edit de Décembre 1686, & Lettres-
Patentes du 28 Juin 1722.

L'Eau-de-Vie rectifiée & l'Esprit-de-Vin, sont assujettis par la Déclaration du Roi
du 9 Décembre 1687, à payer, savoir : l'Eau-de-Vie rectifiée le double, l'Esprit-de-Vin
le triple des Droits de 6 liv. 15 sols & de la Subvention, & ces Liqueurs payent les autres
Droits comme l'Eau-de-Vie simple.

Droit de Contrôle sur la Biere, par muid de 144 pots.

	l.	f.	d.
Ordonnance de 1680, titre 27, article premier	1	10	"
Edit d'Août 1781, 10 sols pour livre	"	15	"
TOTAL	2	5	"

Le Droit de Contrôle sur la Biere est dû dans les Brasseries, en tous les lieux où elle
est façonnée. Ordonnance ci-dessus citée.

Droits dus sur le Vin à la sortie du Royaume, par muid de 144 pots.

	l.	f.	d.
Ordonnance de 1680, titre 4, article seizieme	"	14	"
Edit d'Août 1781, 10 sols pour livre	"	7	"
TOTAL	1	1	"

Nota. Il se perçoit aussi à la sortie du Royaume, des Droits de Jauge-Courtage sur le
Vin & l'Eau-de-Vie, avec les 10 f. pour livre ; mais ils ont été réunis à la Ferme Générale.

Droits de Gros sur le Vin, par muid de 144 pots.

Par l'Arrêt du Conseil du 15 Mars 1753, le Vin destiné pour être consommé dans la
Province de Normandie, étant exempt des Droits de Gros au passage, ces droits sont dus
lorsqu'il s'enléve de Normandie pour aller à l'Etranger ou dans une autre Province ; ils
consistent dans le vingtiéme du prix de la vente, l'augmentation de 16 f. 3 den., & le
Droit de Courtage de 10 sols par muid.

EXEMPLE POUR DU VIN VENDU 150 LIVRES LE MUID.

	l.	f.	d.		l.	f.	d.		l.	f.	d.
Gros ou vingtiéme du prix de la vente	7	10	"	}							
Augmentation	"	16	3	}	8	16	3	}			
Courtage	"	10	"					}	13	4	4½
Edit d'Août 1781, 10 sols pour livre	"	4	8	1½							

DROITS de Courtiers-Jaugeurs, dus à la vente & revente des boissons dans les Paroisses de la Direction dépendantes des Généralités ci-après, à l'exception de la Ville de Lisieux, savoir :

GÉNÉRALITÉ D'ALENÇON.

NATURE DES BOISSONS.	NATURE DES DROITS, ET RÉGLEMENS qui les autorisent.	Ier ENLÈVEMENT. QUOTITÉ DES DROITS.	Ier ENLÈVEMENT. TOTAL.	IIe ENLÈVEMENT. QUOTITÉ DES DROITS.	IIe ENLÈVEMENT. TOTAL.
		L. f. d.	L. f. d.	L. f. d.	L. f. d.
Eau-de-Vie par Barri. de 28 à 30 veltes.	Tarif du 16 Octob. 1696, Courtiers-Jaugeurs..........	» 18. »	1. 7. »	» 10. »	» 15. »
	Edit d'Août 1781, 10 sols pour livre..........	» 9. »		» 5. »	
Liqueur par muid ou 144 pots.	Tarif du 16 Octob. 1696, Courtiers-Jaugeurs..........	1.18. »	2. 17. »	1.10. »	2. 5. »
	Edit d'Août 1781, 10 sols pour livre..........	» 19. »		» 15. »	
Vin par muid ou demi-queue.	Tarif du 16 Octob. 1696, Courtiers-Jaugeurs..........	» 9. »	» 13. 6.	» 5. »	» 7. 6.
	Edit d'Août 1781, 10 sols pour livre..........	» 4. 6.		» 2. 6.	
Bierre, Cidre & Poiré par muid.	Tarif du 16 Octob. 1696, Courtiers-Jaugeurs..........	» 4. 6.	» 6. 9.	» 2. 6.	» 3. 9.
	Edit d'Août 1781, 10 sols pour livre..........	» 2. 3.		» 1. 3.	
GÉNÉRALITÉ DE ROUEN.					
Eau-de-Vie par muid de 144 pots.	Tarif du 16 Octob. 1696, Courtiers-Jaugeurs..........	1.10. 8.	2. 6. »	1. » »	1. 10. »
	Edit d'Août 1781, 10 sols pour livre..........	» 15. 4		» 10. »	
Liqueur par muid de 144 pots.	Tarif du 16 Octob. 1696, Courtiers-Jaugeurs..........	1.18. »	2. 17. »	1.10. »	2. 5. »
	Edit d'Août 1781, 10 sols pour livre..........	» 19. »		» 15. »	
Vin par muid ou demi-queue.	Tarif du 16 Octob. 1696, Courtiers-Jaugeurs..........	» 6. 6.	» 9. 9.	» 2. 6.	» 3. 9.
	Edit d'Août 1781, 10 sols pour livre..........	» 3. 3.		» 1. 3.	
Cidre, Bierre & Poiré, par muid de 144 pots.	Tarif du 16 Octob. 1781, Courtiers-Jaugeurs..........	» 3. 3.	» 4. 10½	» 1. 3.	» 1. 10½
	Edit d'Août 1781, 10 sols pour livre..........	» 1. 7½		» » 7½	

DROITS de Courtiers-Jaugeurs & de première moitié d'Octrois, dus à la vente & revente des boissons, dans la ville de Lisieux.

NATURE DES BOISSONS.	NATURE DES DROITS, ET RÉGLEMENS qui les autorisent.	Iᵉʳ ENLÈVEMENT — QUOTITÉ DES DROITS (l. ſ. d.)	Iᵉʳ — TOTAL (l. ſ. d.)	IIᵉ ENLÈVEMENT — QUOTITÉ DES DROITS (l. ſ. d.)	IIᵉ — TOTAL (l. ſ. d.)
Eau-de-Vie par baril de 28 à 29 Veltes.	Tarif du 16 Oct. 1696, Courtiers-Jaugeurs……	» 18. »	} 1. 7. »	» 10. »	} » 15. »
	Edit d'Août 1781, 10 sols pour livre………	» 9. »		» 5. »	
Liqueur par muid de 144 pots.	Tarif de 1696, Courtiers-Jaugeurs……	1. 18. »	} 2. 17. »	1. 10. »	} 2. 5. »
	Edit d'Août 1781, 10 sols pour livre………	» 19. »		» 15. »	
Vin par muid ou demi-queue.	Tarif de 1696, Courtiers-Jaugeurs……	» 9. »	} 13. 6.	» 5. »	} 7. 6.
	Edit d'Août 1781, 10 sols pour livre………	» 4. 6.		» 2. 6.	
	Ordonnance de 1681, tit. 3, art. 1ᵉʳ, 1ᵉʳᵉ moitié d'Octrois……	» 4. 6.	} 6. 9. — Total 1. » 3.	» 4. 6.	} 6. 9. — Total » 14. 3.
	Edit d'Août 1781, 10 sols pour livre………	» 2. 3.		» 2. 3.	
Cidre, Biere & Poiré, par muid de 144 pots.	Tarif de 1696, Courtiers-Jaugeurs……	» 4. 6.	} 6. 9.	» 2. 6.	} 3. 9.
	Edit d'Août 1781, 10 sols pour livre………	» 2. 3.		» 1. 3.	
	Ordonnance de 1681, tit. 3, art. 1ᵉʳ, 1ᵉʳᵉ moitié d'Octrois……	» 1. 3	} 1. 10½ — Total 8. » 7½	» 1. 3.	} 1. 10½ — Total » 5. 7½
	Edit d'Août 1781, 10 sols pour livre………	» » 7½		» » 7½	

NATURE DES DROITS, ET RÉGLEMENS qui les autorisent.	EAU-DE-VIE à 3 l. le pot.			VIN à 1 sol la pinte.			CIDRE à 6 den. la pinte.			POIRÉ à 6 den. la pinte.			BIERE à 12 sols le pot.		
	l.	f.	d.	l.	f.	d.	l.	f.	d.	l.	f.	d.	l.	f.	d.
Le quatriéme sur l'Eau-de-Vie, est le tiers du prix de la vente. Edit de Décembre 1686.	144.														
Le quatriéme sur le Vin, Cidre & Poiré, est réduit au cinquiéme. Ordonnance de 1680, titre 14, art. 1. & 2.				3.	18.		1.	18.		1.	18.				
Le quatriéme sur la Biere, est le quart du prix de la vente avec le Parisis, sol & 6 deniers. Ordonnance de 1680, tit. 27, art. 6.													29.	1.	5.
Edit d'Août 1781, 10 sols pour livre modérés à 8 sols, par décision du 19 dudit mois.	57.	12.		1.	11.	2½		15.	2½		15.	2½	11.	12.	6.
TOTAL.	201.	12.		5.	9.	2½	2.	11.	2½	2.	13.	2½	40.	12.	9.
Subvention à la consommation. Ordonnance de 1680, tit. 26, art. 1 pour l'Eau-de-Vie, tit. 13, art. 1. & 2. pour les Vin, Cidre & Poiré, & tit. 27, art. 6 pour la Biere.	5.	8.		1.	7.			13.	6.		6.	9		13.	6.
Déclaration du 10 Octobre 1689, Jauge-Courtage.	2.	5.			15.			9.			9.			9.	
TOTAL.	7.	13.		2.	2.		1.	2.	6.		15.	9.	1.	2.	6.
Edit d'Août 1781, 10 f. pour livre.	3.	16.	6.	1.	1.			11.	1.		7.	10½		11.	1.
TOTAL.	11.	9.	6.	3.	3.		1.	13.	9.	1.	3.	7½	1.	13.	9.
Rapport du 4e. & 8 f. pour livre.	201.	12.		5.	9.	2½	2.	13.	2½	2.	11.	2½	40.	11.	9.
TOTAL GÉNÉRAL.	213.	1.	6.	8.	12.	2½	4.	6.	11½	5.	16.	9 1/12	42.	7.	6.

Nota. Lorsque le Vin est vendu plus d'un sol la pinte, le Droit de quatriéme augmente à raison de 3 liv. 18 f. par chaque sol, & lorsque les Cidre & Poiré sont aussi vendus plus de 6 deniers la pinte, ce Droit augmente à raison de 6 sols par chaque denier, articles ci-devant cités.

Il est encore à observer, que le droit de Jauge-Courtage au détail, ne se perçoit dans aucun des lieux où il a été payé à l'entrée.

Droits dus à la vente en détail, des Boissons dans la ville de Lisieux, par muid de 144 pots.

NATURE DES DROITS, ET RÉGLEMENS qui les autorisent.	EAU-DE-VIE à 3 l. le pot.	VIN à 1 sol la pinte.	CIDRE à 6 den. la pinte.	POIRE à 6 den. la pinte.	BIERE à 12 sols le pot.
	l. s. d.	l. s. d.	l. s. d.	l. s. d.	l. s. d.
Subvention à la consommation, dont les autorités sont relatées au Tableau précédent............	5. 8.	1. 7.	15. 6.	6. 9.	13. 6.
Ordonnance de 1681, titre 3, première moitié d'Octrois...........		6. 9.	1. 5.	1. 3.	
TOTAL................	5. 8.	1.13. 9.	14. 9.	8.	13. 6.
Edit d'Août 1781, 10 sols pour livre......................	2. 14.	16.10 ½	7. 4 ½	4.	6. 9.
TOTAL................	8. 2.	2.10. 7 ½	1. 2. 1 ½	11.	1. 3.
Rapport du 4e & 8 f. pour livre, dont les autorités sont citées au Tableau précédent............	101. 11.	5. 9. 2 ½	1.11. 2 ½	2.13. 2 ½	40.13. 9.
TOTAL GÉNÉRAL.........	109. 14.	7.19. 9 7/10	3.15. 3 7/10	3. 5. 2 ½	41.14.

Nota. Les Droits de détail expliqués dans les Tableaux précédens, sont également dus sur les boissons arrivantes & transportées en bouteilles, & autres vaisseaux au-dessous de 72 pintes, mesure de Paris. Lettres-Patentes du 15 Mai 1728, aux exceptions y portées, & qui tombent sur le Vin de Liqueur venant en caisses, les Vins de Champagne gris arrivans en panniers de cent bouteilles, en destination pour la Province; les Vins en panniers de cinquante bouteilles, en destination pour l'Etranger, & les Vins en bouteilles pour la provision des personnes qui vont aux Eaux de Forges, & de celles qualifiées qui vont passer quelque tems dans leurs terres, le tout en remplissant les formalités prescrites par lesdites Lettres-Patentes.

Il est à observer que dans la Ville & Fauxbourgs de Lisieux seulement, le transport des boissons en barils de trente pots au moins, mesure de Paris, y est permis en faveur des Habitans, pendant les six mois d'hiver, commençans au premier Octobre, & finissans au dernier Mars, aux termes de l'Arrêt de la Cour des Aides de Rouen, du 16 Juin 1682, & à la condition que lesdits barils seront étampés par le Fermier.

Les Eaux-de-Vie transportées en barils au-dessous de soixante pintes, sont aussi assujetties aux Droits de détail. Lettres-Patentes du 24 Août 1728; ces Droits sont encore dus par les Bouilleurs & Marchands en gros d'Eau-de-Vie, sur les manquans à leurs Charges, déduction faite du vingt-uniéme pot pour vingt. Lettres-Patentes ci-devant citées; & les Soumissionnaires d'Eau-de-Vie sont assujettis au paiement du double desdits Droits sur les Eaux-de-Vie pour lesquelles ils ne rapportent pas dans les trois mois Certificat d'arrivée. Lettres-Patentes des 7 Juin 1717 & 2 Mars 1728.

DROIT ANNUEL.

DANS LES VILLES......	{ Ordonnance de 1680, tit. 29, art. 1er. Annuel..... 8.	}	12.
	{ Edit d'Août 1781, 10 sols pour livre............. 4.	}	
DANS LES AUTRES LIEUX......	{ Ordonnance de 1680, tit. 29, art. 1er. Annuel..... 6. 10.	}	9. 15.
	{ Edit d'Août 1781, 10 sols pour livre............. 3. 5.	}	

Nota. Ce Droit est dû par tous les Marchands en gros, Bouilleurs, Brasseurs, Cabaretiers, Taverniers, & autres vendans en détail. Les Détailleurs de Biere ne doivent que la moitié de l'Annuel. Ordonnance de 1680, tit. 29, art. 7.

DROITS DUS SUR LES BESTIAUX, A L'ENTRÉE ET AU MASSACRE.

VILLE DE LISIEUX.

Nature des Droits, et Réglemens qui les autorisent.	Bœuf ou Vache. (l. s. d.)	Veau ou Génisse. (l. s. d.)	Mouton, Brebis, ou Chèvre. (l. s. d.)	Porc. (l. s. d.)	Livre de Viande. (l. s. d.)
Edit de Février 1704, Inspecteurs......	2. » »	» 12. »	» 4. »	» » »	» » 2.
Ordonnance de 1681, tit. 3, premiere moitié d'Octrois......	» 1. 10½	» » 1½	» » 1½	» » 2	à proportion.
TOTAL......	2. 2. 10½	» 12. 1½	» 4. 1½	» » 2¼	
Edit d'Août 1781, 10 sols pour livre......	1. » 11½	» 6. 1½	» 2. 1½	» » 1½	» » »
Déclaration du 3 Janvier 1759, Droits réservés......	2. » »	» 13. 4.	» 5. »	» 13. 4.	à proportion.
Edit d'Août 1781, 10s. pour livre, modérés à 6 sols, par décision du 19 dudit mois......	» 12. »	» 7. 4.	» 3. 4.	» 4. »	Idem.
TOTAL GÉNÉRAL......	5. 14. 9½	1. 15. 7.	» 12. 9½	» 17. 7½	

VILLE D'ORBEC.

Nature des Droits, et Réglemens qui les autorisent.	Bœuf ou Vache. (l. s. d.)	Veau ou Génisse. (l. s. d.)	Mouton, Brebis, ou Chèvre. (l. s. d.)	Porc. (l. s. d.)	Livre de Viande. (l. s. d.)
Edit de Février 1704, Inspecteurs......	2. » »	» 12. »	» 4. »	» » »	» » 2.
Edit d'Août 1781, 10 sols pour livre......	1. » »	» 6. »	» 2. »	» » »	» » 1.
Déclaration du 3 Janvier 1759, Droits réservés......	1. 10. »	» 10. »	» 3. 6.	» 10. »	à proportion.
Edit d'Août 1781, 10s. pour livre, modérés à 6 sols, par décision du 19 dudit mois......	» 9. »	» 5. »	» 1. »¼	» 2. »	Idem.
TOTAL......	4. 19. »	1. 11. »	» 10. 7½	» 13. »	

NATURE DES DROITS, ET RÉGLEMENS qui les autorisent.	BŒUF ou VACHE. l.	s.	d.	VEAU ou GENISSE. l.	s.	d.	MOUTON, BREBIS, ou CHEVAL. l.	s.	d.	PORC. l.	s.	d.	LIVRE DE VIANDE. l.	s.	d.
Edit de Février 1704, Inspecteurs	2.	"	"	"	12.	"	"	4.	"	"	"	"	"	"	2.
Edit d'Août 1781, 10 sols pour livre	1.	"	"	"	6.	"	"	2.	"	"	"	"	"	"	1.
Déclaration du 3 Janvier 1759, Droits réservés	1.	"	"	"	6.	8.	"	3.	"	"	6.	8.	à proportion.		
Edit d'Août 1781, 10 s. pour livre, modérés à 6 sols, par décision du 19 dudit mois	"	6.	"	"	2.	"	"	"	10½	"	2.	"	Idem.		
TOTAL	4.	6.	"	1.	6.	8.	"	9.	10½	"	8.	8.	"	"	"

DROITS dus sur les Bestiaux dans les Campagnes, par les Bouchers, Maîtres & Fils de Maîtres, avant l'abattis, & par tous les autres Bouchers, à la vente hors domicile.

NATURE DES DROITS, ET RÉGLEMENS qui les autorisent.	BŒUF ou VACHE. l.	s.	d.	VEAU ou GENISSE. l.	s.	d.	MOUTON, BREBIS, ou CHEVAL. l.	s.	d.	LIVRE DE VIANDE. l.	s.	d.
Edit de Février 1704, Inspecteurs	2.	"	"	"	12.	"	"	4.	"	"	"	1.
Edit d'Août 1781, 10 sols pour livre	1.	"	"	"	6.	"	"	2.	"	"	"	1.
TOTAL	3.	"	"	"	18.	"	"	6.	"	"	"	3.

NATURE DES DROITS ET REGLEMENS qui les autorisent.	VOITURE à 1. CHEVAL.			VOITURE à 2. CHEVAUX.			VOITURE à 3. CHEVAUX.			SOMME DE CHEVAL.			SOMME D'ANE.		
	l.	f.	d.	l.	f.	d.	l.	f.	d.	l.	f.	d.	l.	f.	d.
Déclaration du 3 Janvier 1759, & Arrêt du Conseil du 13 Sept. 1776, Droits réservés..............	"	5.	"	"	7.	6.	"	10.	"	"	1.	"	"	"	6.
Edit d'Août 1781, 10 fols pour livre, modérés à 6 fols, par décifion du 29 dudit mois................	"	1.	6.	"	2.	3.	"	3.	"	"	"	3½	"	"	1½
T O T A L..............	"	6.	6.	"	9.	9.	"	13.	"	"	1.	1½	"	"	7½

Nota. Au-deffus de trois Chevaux, chaque Cheval augmente le droit à proportion, & il n'y a de bois exempts que ceux défignés dans les Lettres-Patentes du 14 Août 1778, & qui font les bourées en fagots fans paremens, de rouces, épines, puines, &c.

REGLEMENS.	NATURE DES HUILES.	Principal.			10 p. liv.			TOTAL.		
		l.	f.	d.	l.	f.	d.	l.	f.	d.
Déclaration du 21 Mars 1716. Edit d'Août 1781, pour le doublement des Droits & les 10 fols pour livre.	Par livre pefant d'Huiles de Poiffon, d'Olives, d'Amandes, de Noix & autres fruits..................	"	1.	"	"	".	6.	"	1.	6.
	Par livre d'Huiles de Thérebentine, Lin, Chenevis, Rabette, Navette, & autres graines..............	"	"	6.	"	"	3.	"	"	9.
	Par livre d'Huiles d'Effences, & autres de plus grande valeur que celles fujettes au droit d'un fol................	"	2.	"	"	1.	"	"	3.	"
	Si le Droit principal eft de plus de 5 l. il eft dû pour l'acquit..............	"	5.	"	"	2.	6.	"	7.	6.
	S'il n'eft que de 5 livres ou d'une moindre fomme, jufqu'à 20 fols inclufivement, le Droit d'acquis eft de..........	"	1.	"	"	1.	"	"	3.	"

Nota. Le Droit d'acquit n'a pas lieu, lorfque le Droit principal eft au-deffous de 10 fols.

Droits sur les Cuirs et Peaux.

Réglemens.	OBJETS Sujets aux Droits.	CUIRS & PEAUX *à la fabrication.* Principal.	10 f. p. liv.	Total.	CUIRS & PEAUX *à l'exportation.* Principal.	10 f. p. liv.	Total.	Cuirs & Peaux à l'importation.
Edit d'Août 1759, Arrêt du Conseil des 28 Juin & 13 Novembre 1760, pour le principal. Edit d'Août 1781, pour les 10 sols pour livre.	Cuirs de Bœufs & Vaches, à fort & à œuvre, Veaux, Moutons, Agneaux, Chevreaux, Porcs & Sangliers, tannés & aprêtés en toutes sortes d'aprêts, par livre pesant	l. f. d. ″ 2. ″	l. f. d. ″ 1. ″	l. f. d. ″ 3. ″	......	......	......	10 pour % de leur valeur.
	Chevaux, Mulets & Anes, *idem*	″ 1. ″	″ ″ 6.	″ 1. 6.	......	......	......	*idem.*
	Cerfs, Elans & Orignaux, *idem*	″ 6. ″	″ 3. ″	″ 9. ″	......	......	......	*idem.*
	Boucs & Chévres, *idem*	″ 4. ″	″ 2. ″	″ 6. ″	......	......	......	*idem.*
	Chamois, Dains & Chevreuils	″ 10. ″	″ 5. ″	″ 15. ″	......	......	......	*idem.*
	Toutes Peaux non dénommées ci-dessus	15 pour %	de leur	valeur.	......	......	......	*Idem.*
	Cuirs de Bœufs & Vaches, en vert en demi aprêt, passant à l'étranger, la piece	......	......	......	l. f. d. 6. ″ ″	l. f. d. 3. ″ ″	l. f. d. 9. ″ ″	......
	Peaux de Veaux, *idem.* la piece	......	......	......	1. ″ ″	″ 10. ″	1. 10. ″	......
	Peaux de Moutons, *idem.* la piece	......	......	......	″ 10. ″	″ 5. ″	″ 15. ″	......

Nota. Les deux tiers du principal des Droits perçus sur les Cuirs aprêtés, sont rendus lorsque lesdits Cuirs passent à l'Etranger, en remplissant les formalités prescrites par les Réglemens.

DROITS SUR LA MARQUE D'OR ET D'ARGENT.

Réglemens.	Objets sujets aux Droits.	Principal.	10 f. p. liv.	Total.
Ordon. de 1681, titre 1, art. premier, & Édit de Mai 1723, pour le principal. Édit d'Août 1781, pour les 10 f. p. liv.	Or, par marc.................... Argent par marc...................	l. f. d. 33. 12. " 2. 16. "	l. f. d. 16. 16. " 1. 8. "	l. f. d. 50. 8. " 4. 4. "

DROITS SUR L'AMIDON.

NATURE DES DROITS, ET RÉGLEMENS QUI LES AUTORISENT.	Amidon à la fabrication, par muid de 144 pots.	Amidon et poudre à poudrer, venant de l'Étranger, par livre pesant.
Édit de Février 1771, & Arrêt du Conseil du 10 Décembre 1778. Principal........................	l. f. d. 7. 10. "	l. f. n. " 4.
Édit d'Août 1781, 10 sols pour livre......................	3. 15. "	" 2. "
Total........................	11. 5. "	" 6. "

DROITS sur les Quittances timbrées pour la Régie & pour les Parties étrangeres.

Ordonnance de 1680, titre 33, Déclaration de 1690, Édit de 1748, Déclaration de 1771, & Lettres-Patentes de 1780, par quittance de 5 f. & au-dessus......

l. f. d.

" " 10.

Édit d'Août 1781, 10 sols pour livre..................................

" " 5.

Total..................... " 1. 3.

Nota. Les congés & expéditions qui ne sont point des quittances de Droits, doivent les frais de timbre. Ordonnance de 1681, titre commun, article 16. Déclaration de 1771 & Lettres-Patentes de 1780, article 10.

OBSERVATION GÉNÉRALE.

Les articles de Droits, qui payés séparément ne forment pas une somme de 6 deniers, ne doivent point de sols pour livre.

DÉNOMINATION *des parties étrangeres à la Régie, dont les 10 sols pour livre sont dus au Roi, sur le principal des Droits.*

NOMS DES LIEUX.	NATURE DES DROITS.
LISIEUX.................	Deuxieme moitié d'Octrois appartenant à la Ville.
ELECTION DE LISIEUX	Jauge royale appartenant à différents particuliers.

De l'Imprimerie de Cl. SIMON, Imprimeur de LL. AA. SS. Messeigneurs le Prince de CONDÉ, le Duc de BOURBON, & de Monseigneur l'Archevêque de Paris, rue Saint-Jacques, près S. Yves. 1782.

GÉNÉRALITÉ D'ALENÇON.
TARIF DES DROITS
DÉPENDANS
DE LA RÉGIE GÉNÉRALE,
DUS DANS LA DIRECTION
DE MORTAGNE.

DROITS SUR LES BOISSONS, A L'ENTRÉE ET AU BRASSAGE,
par Muid de 144 Pots.

VILLE DE MORTAGNE.

NATURE DES DROITS, ET Réglemens qui les autorisent.	EAU-DE-VIE & Liqueur.	VIN de Liqueur.	VIN ordinaire.	CIDRE.	POIRÉ.	BIÈRE.
	₶ ß d	₶ ß d	₶ ß d	₶ ß d	₶ ß d	₶ ß d
Ordonnance de 1680, titre 4, article 1er, Anciens & Nouveaux Cinq Sols......	». ». ».	».14. ».	».14. ».	». ». ».	». ». ».	». ». ».
Idem, titre 24, art. 1er, titre 16, art. 5, titre 27, art. 6, Subvention.........	5. 8. ».	1. 7. ».	1. 7. ».	».13. 6.	». 6. 9.	».13. 6.
Déclarations du Roi, des 10 Oct. & 31 Déc. 1689, Jauge & Courtage.........	2. 5. ».	».15. ».	».15. ».	». 9. ».	». 9. ».	». 9. ».
Edit d'Octobre & Arrêt du Conseil du 29 Décembre 1705, Inspecteurs.....	1.10. ».	».10. ».	».10. ».	». 5. ».	». 2. 6.	». 5. ».
Lettres Patentes du 2 Août 1777, Octrois Municipaux.....................	». ». ».	2. 8. ».	2. 8. ».	». 7. 8½	». 6. 5¹⁵⁄₁₆	». ». ».
TOTAL...............	9. 3. ».	5.14. ».	5.14. ».	1.15. 2½	1. 4. 8¼	1. 7. 6.
Edit d'Août 1781, Dix Sols pour livre.....	4.11. 6.	2.17. ».	2.17. ».	».17. 7½	».12. 4½	».13. 9.
Déclaration du Roi, du 5 Janvier 1759, Droits Réservés.....................	14. 8. ».	6. ». ».	1.10. ».	».16. ».	». 5. ».	».10. ».
Edit d'Août 1781, 10 ₶ p ₶, modérés à 6 ₶ p ₶, par Décision du 29 dudit mois...	4. 6. 4¾	1.16. ».	». 9. ».	». 3. ».	». 1. 6.	». 3. ».
TOTAL GÉNÉRAL...	32. 8.10¾	16. 7. ».	9.10. ».	3. 5. 9½	2. 3. 6⅞	2.14. ½

NATURE DES DROITS, ET RÉGLEMENS QUI LES AUTORISENT.	EAU-DE-VIE & Liqueur.	VIN de Liqueur.	VIN ordinaire.	CIDRE.	POIRÉ.	BIERE.
	₶ ß d	₶ ß d	₶ ß d	₶ ß d	₶ ß d	₶ ß d
Ordonnance de 1680, titre 4, article 1er, Anciens & Nouveaux Cinq Sols......	». ». ».	».14.».	».14. ».	». ». ».	». ». ».	». ». ».
Idem, titre 24, art. 1er, titre 26, art. 3, titre 27, art. 6, Subvention........	5. 8. ».	1. 7.».	1. 7. ».	».13. 6.	». 6. 9.	».13. 6.
Déclarations du Roi, des 10 Oct. & 31 Décembre 1689, Jauge & Courtage......	2. 5. ».	».15.».	».15. ».	». 9. ».	». 9. ».	». 9. ».
Edit d'Octobre & Arrêt du Conseil, du 29 Décembre 1705, Inspecteurs......	1.10. ».	».10.».	».10. ».	». 5. ».	». 2. 6.	». 5. ».
Lettr. Pat. du 2 Août 1777, Octrois Munic.	». ». ».	».16.2¼	».16. 2¼	». 5. 3¾	». 3.10 2/13	». ». ».
Ord. de 1681, tit. 3, art. 1er, 1re moit. d'Oct.	». ». ».	».12.».	».12. ».	». 1. 2¼	». ». ».	». ». ».
TOTAL......	9. 3. ».	4.14.2¾	4.14 2¾	1.15.11 7/24	1. 2. 1 4/13	1. 7. 6.
Edit d'Août 1781, Dix Sols pour livre...	4.11. 6.	2. 7.1¾	2. 7. 1¾	».10.11 35/24	».11. » 9/13	».13. 9.
Déclaration du Roi, du 3 Janv. 1759, Droits Réservés.........	14. 8. ».	6. ».».	1.10. ».	».10. ».	». 5. ».	».10. ».
Edit d'Août 1781, 10 ß p' ₶, modérés à 6 f. par Décision du 29 dudit mois........	4. 6. 4¾	1.16.».	». 9. ».	». 3. ».	». 1. 6.	». 3. ».
TOTAL GÉNÉRAL...	32. 8.10¾	14.17.3½	9. ». 3 5/12	3. 3. 11	1.19. 7½	2.14. 3.

VILLE DE BELLÊME.

NATURE DES DROITS, ET RÉGLEMENS QUI LES AUTORISENT.	EAU-DE-VIE & Liqueur.	VIN de Liqueur.	VIN ordinaire.	CIDRE.	POIRÉ.	BIERE.
	₶ ß d	₶ ß d	₶ ß d	₶ ß d	₶ ß d	₶ ß d
Ordonnance de 1680, titre 4, article 1er, Anciens & Nouveaux Cinq Sols.......	». ». ».	».14.».	».14.».	». ». ».	». ». ».	». ». ».
Idem, titre 24, art. 1er, titre 26, art.3, titre 27, art. 6, Subvention......	5. 8. ».	1. 7.».	1. 7.».	».13. 6.	». 6. 9.	».13. 6.
Déclarations du Roi, des 10 Octobre & 31 Déc. 1689, Jauge & Courtage.....	2. 5. ».	».15.».	».15.».	». 9. ».	». 9. ».	». 9. ».
Edit d'Octobre & Arrêt du Conseil du 29 Déc. 1705, Inspecteurs.....	1.10. ».	».10.».	».10.».	». 5. ».	». 2. 6.	». 5. ».
Lettres Patentes du 2 Août 1777, Octrois Municipaux........	». ». ».	1. ».1¼	1. ».1¼	». 9. 7¾	». 6. 7¾	». ». ».
Ordonn. de 1681, titre 3, art. 1er, prem. moitié d'Octroi........	». ». ».	». 6.».	». 6.».	». ». ».	». ». ».	». ». ».
TOTAL......	9. 3. ».	4.12.1¾	4.12.1¾	1.17. 1¾	1. 4.10½	1. 7. 6.
Edit d'Août 1781, Dix Sols pour livre..	4.11. 6.	2. 6.»¾	2. 6.»¾	».18. 6¼	».12. 5 1/12	».13. 9.
Déclaration du Roi, du 3 Janvier 1759, Droits Réservés........	14. 8. ».	6. ».».	1. 5.».	».10. ».	». 5. ».	».10. ».
Edit d'Août 1781, Dix Sols p' ₶, modérés à Six Sols, par Décision du 29 dudit mois	4. 6. 4¾	1.16.».	». 7.6.	». 3. ».	». 1. 6.	». 3. ».
TOTAL GÉNÉRAL...	32. 8.10¾	14.14.1¾	8.10.7¾	3. 8. 7¾	2. 3. 9 1/12	2.14. 3.

BOURG D'ESSEY.

NATURE DES DROITS, et Réglemens qui les autorisent.	EAU-DE-VIE, & Liqueur.	VIN de Liqueur.	VIN ordinaire.	CIDRE & BIÈRE.	POIRÉ.
	tt ß ₰	tt ß ₰	tt ß ₰	tt ß ₰	tt ß ₰
Ordonnance de 1680, titre 4, article 1er, Anciens & Nouveaux Cinq Sols	». ». ».	».14. ».	».14. ».	». ». ».	». ». ».
Idem, tit. 24, art. 1er, tit. 26, art. 5, titre 27, art. 6, Subvention	5. 8. ».	1. 7. ».	1. 7. ».	».13. 6.	». 6. 9.
Déclarations des 10 Octobre & 31 Décembre 1689, Jauge & Courtage	2. 5. ».	».15. ».	».15. ».	». 9. ».	». 9. ».
Edit d'Octobre & Arrêt du Conseil du 29 Décemb. 1705, Inspecteurs	1.10. ».	».10. ».	».10. ».	». 5. ».	». 2. 6.
Lettres Patentes du 2 Août 1777, Octrois Munic.	2. ». ».	».13. 4.	».13. 4.	». 6. 8.	». 3. 4.
TOTAL	11. 3. ».	3.19. 4.	3.19. 4.	1.14. 2.	1. 1. 7.
Edit d'Août 1781, Dix Sols pour livre	5.11. 6.	1.19. 8.	1.19. 8.	».17. 1.	».10. 9½.
Déclaration du Roi, du 5 Janvier 1759, Droits Réservés	14. 8. ».	6. ». ».	1. 5. ».	».10. ».	». 5. ».
Edit d'Août 1781, 10 ß pr tt, modérés à 6 ß, par Décision du 29 dudit mois	4. 6. 4¾.	1.16. ».	». 7. 6.	». 3. ».	». 1. 6.
TOTAL GÉNÉRAL	35. 8. 10¾.	14.15. ».	7.11. 6.	3. 4. 4.	1.18. 10½.

BOURG DE MOULINS-LA-MARCHE.

NATURE DES DROITS, et Réglemens qui les autorisent.	EAU-DE-VIE, & Liqueur.	VIN de Liqueur.	VIN ordinaire.	CIDRE & BIÈRE.	POIRÉ.
	tt ß ₰	tt ß ₰	tt ß ₰	tt ß ₰	tt ß ₰
Ordonnance de 1680, titre 4, article 1er, Anciens & Nouveaux Cinq Sols	». ». ».	».14. ».	».14. ».	». ». ».	». ». ».
Idem, titre 24, art. 1er, titre 26, art. 5, titre 27, art. 6, Subvention	5. 8. ».	1. 7. ».	1. 7. ».	».13. 6.	». 6. 9.
Déclarations du Roi, des 10 Oct. & 31 Décembre 1689, Jauge & Courtage	2. 5. ».	».15. ».	».15. ».	». 9. ».	». 9. ».
Edit d'Octobre & Arrêt du Conseil, du 29 Décembre 1705, Inspecteurs	1.10. ».	».10. ».	».10. ».	». 5. ».	». 2. 6.
Lettres Patentes du 2 Août 1777, Octrois Municip.	2. ». ».	».13. 4.	».13. 4.	». 6. 8.	». 3. 4.
Ordonn. de 1681, titre 5, art. 1er, 1re moitié d'Octr.	». ». ».	1.10. ».	1.10. ».	». 8. 4.	». 6. 8.
TOTAL	11. 3. ».	5. 9. 4.	5. 9. 4.	2. 2. 6.	1. 8. 5.
Edit d'Août 1781, Dix Sols pour livre	5.11. 6.	2.14. 8.	2.14. 8.	1. 1. 3.	».14. 1½.
Déclaration du Roi, du 5 Janvier 1759, Droits Réservés	14. 8. ».	6. ». ».	1. ». ».	».10. ».	». 5. ».
Edit d'Août 1781, Dix Sols pour liv. modérés à Six Sols, par Décision du 29 dudit mois	4. 6. 4¾.	1.16. ».	». 6. ».	». 3. ».	». 1. 6.
TOTAL GÉNÉRAL	35. 8. 10¾.	16. ». ».	9.10. ».	3.16. 9.	2. 8. 10½.

BOURGS DE LONGNY ET DU MESLE-SUR-SARTHE.

NATURE DES DROITS, ET RÉGLEMENS QUI LES AUTORISENT.	EAU-DE-VIE & Liqueur.	VIN de liqueur.	VIN ordinaire.	CIDRE & BIÈRE.	POIRÉ.
	℔ ß ₰	℔ ß ₰	℔ ß ₰	℔ ß ₰	℔ ß ₰
Ordonnance de 1680, titre 4, article 1er, Anciens & Nouveaux Cinq Sols	». ». ».	». 14. ».	». 14. ».	». ». ».	». ». ».
Idem, titre 14, art. 1er, titre 26, art. 3, titre 27 art. 6, Subvention	5. 8. ».	1. 7. ».	1. 7. ».	». 13. 6.	». 6. 9.
Déclarations du Roi, des 10 Oct. & 31 Décembre 1689, Jauge & Courtage	2. 5. ».	». 15. ».	». 15. ».	». 9. ».	». 9. ».
Édit d'Octobre & Arrêt du Conseil, du 29 Décembre 1705, Inspecteurs	1. 10. ».	». 10. ».	». 10. ».	». 5. ».	». 2. 6.
Lettres Patentes du 2 Août 1777, Octrois Municip	1. ». ».	». 6. 8.	». 6. 8.	». 3. 4.	». 1. 8.
TOTAL	10. 3. ».	3. 12. 8.	3. 11. 8.	1. 10. 10.	». 19. 11.
Édit d'Août 1781, Dix Sols pour livre	5. 1. 6.	1. 16. 4.	1. 16. 4.	». 15. 5.	». 9. 11½.
Déclaration du Roi, du 5 Janv. 1759, Droits Réserv.	4. 8. ».	6. ». ».	1. ». ».	». 10. ».	». 5. ».
Édit d'Août 1781, 10 ß p' ℔, modérés à 6 ß, par Décision du 29 dudit mois	4. 6. 4⅘.	1. 16. ».	». 6. ».	». 3. ».	». 1. 6.
TOTAL GÉNÉRAL	53. 18. 10⅘.	13. 5. ».	6. 15. ».	2. 19. 3.	1. 16. 4½.

BOURG DE RÉMALARD.

NATURE DES DROITS, ET RÉGLEMENS QUI LES AUTORISENT.	EAU-DE-VIE & Liqueur.	VIN de liqueur.	VIN ordinaire.	CIDRE & BIÈRE.	POIRÉ.
	℔ ß ₰	℔ ß ₰	℔ ß ₰	℔ ß ₰	℔ ß ₰
Ordonnance de 1680, titre 4, art. 1er, Anciens & Nouveaux Cinq Sols	». ». ».	». 14. ».	». 14. ».	». ». ».	». ». ».
Idem, titre 14, art. 1er, titre 26, art. 3, titre 27, art. 6, Subvention	5. 8. ».	1. 7. ».	1. 7. ».	». 13. 6.	». 6. 9.
Déclarations du Roi, des 10 Oct. & 31 Décembre 1689, Jauge & Courtage	2. 5. ».	». 15. ».	». 15. ».	». 9. ».	». 9. ».
Édit d'Octobre & Arrêt du Conseil, du 29 Décembre 1705, Inspecteurs	1. 10. ».	». 10. ».	». 10. ».	». 5. ».	». 2. 6.
TOTAL	9. 3. ».	3. 6. ».	3. 6. ».	1. 7. 6.	». 18. 3.
Édit d'Août 1781, Dix Sols pour livre	4. 11. 6.	1. 13. ».	1. 13. ».	». 13. 9.	». 9. 1½.
Déclaration du Roi, du 3 Janvier 1759, Droits Réservés	14. 8. ».	6. ». ».	1. 5. ».	». 10. ».	». 5. ».
Édit d'Août 1781, Dix Sols pour livre, modérés à Six Sols, par Décision du 29 dudit mois	4. 6. 4⅘.	1. 16. ».	». 7. 6.	». 3. ».	». 1. 6.
TOTAL GÉNÉRAL	52. 8. 10⅘.	12. 15. ».	6. 11. 6.	2. 14. 3.	1. 14. 10½.

BOURGS DE LA PERRIÈRE, LE TEIL & MAUVES.

NATURE DES DROITS, ET RÉGLEMENS QUI LES AUTORISENT.	EAU-DE-VIE & Liqueur.	VIN de liqueur.	VIN ordinaire.	CIDRE & BIÈRE.	POIRÉ.
	ħ ß ð	ħ ß ð	ħ ß ð	ħ ß ð	ħ ß ð
Ordonnance de 1680, titre 4, art. 1ᵉʳ, Anciens & Nouveaux Cinq Sols..........	». ». ».	».14. »	».14. »	». ». ».	». ». ».
Idem, titre 24, art. 1ᵉʳ, titre 26, art. 3, titre 27, art. 6, Subvention..........	5. 8. ».	1. 7. »	1. 7. »	».13. 6.	». 6. 9.
Déclarations des 19 Oct. & 31 Décembre 1689, Jauge & Courtage..........	2. 5. ».	».15. »	».15. »	». 9. ».	». 9. ».
Edit d'Octobre & Arrêt du Conseil, du 19 Décembre 1705, Inspecteurs..........	1.10. ».	».10. »	».10. »	». 5. ».	». 2. 6.
TOTAL..........	9. 5. ».	3. 6. »	3. 6. »	1. 7. 6	».18. 3.
Edit d'Août 1781, Dix Sols pour livre..........	4.11. 6.	1.13. »	1.14. »	».13. 9.	». 9. 1½
Déclaration du 3 Janvier 1759, Droits Réservés..........	4. 8. ».	6. ». »	1. ». »	».10. ».	». 5. ».
Edit d'Août 1781, Dix Sols pour livre, modérés à Six Sols, par Décision du 29 dudit mois..........	4. 6. 4½	1.16. »	». 6. »	». 5. ».	». 1. 6.
TOTAL GÉNÉRAL..........	22. 8.10½	12.15. »	6. 5. »	2.14. 3	1.15.10½

BOURGS DE BONMOULINS, BRÉTONCELLES, MOUTIERS, S.-LOMER, SAINTE SCHOLASSE, TOUROUVRES & VILLERAY.

NATURE DES DROITS, ET RÉGLEMENS QUI LES AUTORISENT.	EAU-DE-VIE & Liqueur.	VIN de liqueur & ordinaire.	CIDRE & BIÈRE.	POIRÉ.
	ħ ß ð	ħ ß ð	ħ ß ð	ħ ß ð
Ordonnance de 1680, titre 4, article 1ᵉʳ, Anciens & Nouveaux Cinq Sols..........	». ». ».	».14. ».	». ». ».	». ». ».
Idem, titre 24, art. 1ᵉʳ, titre 26, art. 3, titre 27, art. 6, Subvention..........	5. 8. ».	1. 7. ».	».13. 6.	». 6. 9.
Déclarations du Roi, des 10 Oct. & 31 Déc. 1689, Jauge & Courtage..........	2. 5. ».	».15. ».	». 9. ».	». 9. ».
Edit d'Octobre & Arrêt du Conseil, du 19 Décembre 1705, Inspecteurs..........	1.10. ».	».10. ».	». 5. ».	». 2. 6.
TOTAL..........	9. 5. ».	3. 6. ».	1. 7. 6.	».18. 3.
Edit d'Août 1781, Dix Sols pour livre..........	4.11. 6.	1.13. ».	».13. 9.	». 9. 1½
TOTAL GÉNÉRAL..........	13.14. 6.	4.19. ».	2. 1. 3.	1. 7. 4½

OBSERVATION GÉNÉRALE.

Les Nobles sont exempts, pour leur consommation seulement, sur les Boissons provenant de leur crû, & les Ecclésiastiques sur celles du crû de leurs Bénéfices; les premiers, de la Subvention; les seconds, de la Subvention, des Nouveaux Cinq Sols, de la Jauge-Courtage & des Droits Réservés, en se conformant aux formalités prescrites par les Réglemens.

DROIT DE 6 ₶ 15 ß SUR L'EAU-DE-VIE DE VIN,
par Muid de 144 Pots.

	₶	ß	∂
Ordonnance de 1680, titre 26, article premier....................	6.	15.	».
Edit d'Août 1781 , Dix Sols pour livre................................	3.	7.	6.
TOTAL................	10.	2.	6.

N°. Le Droit de 6 ₶ 15 ß est dû sur l'Eau-de-vie de Vin , à l'Entrée des lieux sujets, & à l'Arrivée dans les lieux non sujets, lorsqu'il n'est pas justifié qu'il a été acquitté en route ou aux premiers Bureaux de passage, Edit de Décembre 1686, & Lettres Patentes du 28 Juin 1722.

L'Eau-de-vie rectifiée & l'Esprit-de-Vin sont assujettis, par la Déclaration du Roi, du 9 Décembre 1687, à payer, savoir, l'Eau-de-vie rectifiée, le double , l'Esprit - de - Vin , le triple des Droits de 6 ₶ 15 ß & de Subvention ; & ces Liqueurs paient les autres Droits comme l'Eau-de-vie simple.

DROIT DE CONTRÔLE SUR LA BIERE,
par Muid de 144 Pots.

	₶	ß	∂
Ordonnance de 1680 , titre 27 , article premier........................	1.	10.	».
Edit d'Août 1781 , Dix Sols pour livre....................................	».	15.	».
TOTAL................	2.	5.	».

Nota. Le Droit de Contrôle sur la Biere, est dû dans les Brasseries, en tous les lieux où elle se façonne ; Ordonnance citée ci-dessus.

DROITS A LA SORTIE DU ROYAUME,
par Muid de Vin , de 144 Pots.

NATURE DES DROITS, et RÉGLEMENS QUI LES AUTORISENT.	VIN.		
	₶	ß	∂
Ordonnance de 1680 , titre 4 , article 16 , Anciens & Nouveaux Cinq Sols	».	14.	».
Edit d'Août 1781 , Dix Sols pour livre................................	».	7.	».
TOTAL............	1.	1.	».

Nota. Il se perçoit aussi à la sortie du Royaume, des Droits de Jauge & Courtage sur le Vin & l'Eau-de-vie, avec les Dix Sols pour livre ; mais ils ont été réunis à la Ferme générale.

DROITS DE GROS.

Par l'Arrêt du Conseil, du 13 Mars 1753, les Vins destinés pour être consommés dans la Province de Normandie, étant exempts des Droits de Gros au passage, ces Droits sont dûs, lorsqu'ils s'enlèvent de Normandie, pour aller à l'Étranger, ou dans une autre Province; ils consistent dans le vingtieme du prix de la vente, l'augmentation de 16 ß 3 ₰, le Droit de Courtage de 10 ß par Muid, & les Dix Sols pour livre de l'Edit d'Août 1781.

EXEMPLE, pour du Vin vendu 150 liv. le Muid de 144 Pots.

	tt	ß	₰		tt	ß	₰		tt	ß	₰
Gros ou Vingtieme....................	7.	10.	».								
Augmentation........................	».	16.	3.		8.	16.	3.	».	13.	4.	4 ½
Courtage............................	».	10.	».								
Edit d'Août 1781, Dix Sols pour livre........	4.	8.	1 ½								

DROITS DUS A LA VENTE ET REVENTE DES BOISSONS,
SOUS LA DÉNOMINATION DE COURTIERS-JAUGEURS,
dans toute l'étendue de la Direction.

BOISSONS.	RÉGLEMENS qui autorisent la perception DES DROITS.	1er ENLEVEMENT.		2e ENLEVEMENT.	
		Quotité des Droits.	TOTAL.	Quotité des Droits.	TOTAL.
		tt ß ₰	tt ß ₰	tt ß ₰	tt ß ₰
EAU-DE-VIE, par Baril de 28 à 29 Veltes....	Tarif de 1696, Courtiers-Jaugeurs.	».18. ».		».10. ».	
	Edit d'Août 1781, Dix Sols p' liv.	». 9. ».	1. 7. ».	». 5. ».	».15. ».
LIQUEUR, par Muid de 144 Pots.........	Tarif de 1696, Courtiers-Jaugeurs.	1.18. ».		1.10. ».	
	Edit d'Août 1781, Dix Sols p' liv.	».19. ».	2.17. ».	».15. ».	2. 5. ».
VIN, par Muid de 144 Pots ou demi-queue...	Tarif de 1696, Courtiers-Jaugeurs.	». 9. ».		». 5. ».	
	Edit d'Août 1781, Dix Sols p' liv.	». 4. 6.	».13. 6.	». 2. 6.	». 7. 6.
CIDRE, POIRÉ & BIERE, par M⁴ de 144 Pots	Tarif de 1696, Courtiers-Jaugeurs.	». 4. 6.		». 2. 6.	
	Edit d'Août 1781, Dix Sols p' liv.	». 2. 3.	». 6. 9.	». 1. 3.	». 3. 9.

DROITS DUS A LA VENTE EN DÉTAIL DES BOISSONS,
par Muid de 144 Pots, dans toute l'étendue de la Direction, à l'exception des Villes de Mortagne, de Bellême, & des Parties des Départemens des Banlieues de Nogent, Bellême & Longny, sises sur le Pays de Huitieme, & hors le ressort de la Cour des Aides de Normandie.

NATURE DES DROITS, ET RÉGLEMENS QUI LES AUTORISENT.	Eau-de-vie, à 3 livres le Pot.			Vin, à 1 sol la Pinte.			Cidre, à 6 deniers la Pinte.			Poiré, à 6 deniers la Pinte.			Biere, à 12 sols le Pot.		
	₶	ß	d	₶	ß	d	₶	ß	d	₶	ß	d	₶	ß	d
Le Quatrieme sur l'Eau-de-vie est le tiers du prix de la Vente, Edit de Décembre 1686……	144.	».	».	».	».	».	».	».	».	».	».	».	».	».	».
Le 4.ᵐᵉ sur les Vins, Cidre & Poiré, est réduit au 5.ᵐᵉ, Ordonn. de 1680, titre 14, article premier & deuxieme……	».	».	».	3.	18.	».	1.	18.	».	1.	18.	».	».	».	».
Le Quatrieme sur la Biere est le quart du Prix de la Vente, Parisis, sol & six deniers, Ordonnance de 1680, titre 27, article 6.	».	».	».	».	».	».	».	».	».	».	».	».	29.	1.	3.
Edit d'Août 1781, Dix Sols pour livre, modérés à Huit Sols, par Décision du 29 dudit mois……	57.	12.	».	1.	11.	2¼	».	15.	2¼	».	15.	2¼	11.	12.	6.
TOTAL……	201.	12.	».	5.	9.	2¼	2.	13.	2¼	2.	13.	2¼	40.	13.	9.
Subvention à la Consommation, Ordonnance de 1680, titre 26, art. 3, pour l'Eau-de-vie, titre 23, art. 1er & 2, pour les Vins, Cidre & Poiré, & titre 27, art. 6, pour la Biere.	5.	8.	».	1.	7.	».	».	13.	6.	».	6.	9.	».	13.	6.
Déclaration du Roi, du 10 Octobre 1689, Jauge & Courtage……	2.	5.	».	».	15.	».	».	9.	».	».	9.	».	».	9.	».
TOTAL……	7.	13.	».	2.	2.	».	1.	2.	6.	».	15.	9.	1.	2.	6.
Edit d'Août 1781, Dix Sols pour livre……	3.	16.	6.	1.	1.	».	».	11.	3.	».	7.	10½	».	11.	3.
Total de la Subvention, Jauge & Courtage, & Dix Sols pour livre……	11.	9.	6.	3.	3.	».	1.	13.	9.	1.	3.	7½	1.	13.	9.
Rapport du 4.ᵐᵉ & Huit Sols pour livre……	201.	12.	».	5.	9.	2¼	2.	13.	2¼	2.	13.	2¼	40.	13.	9.
TOTAL GÉNÉRAL……	213.	1.	6.	8.	12.	2¼	4.	6.	11¼	3.	16.	9½	42.	7.	6.

N.ᵃ Lorsque le Vin est vendu plus d'un sol la Pinte, les Droits de Quatrieme sont augmentés, à raison de 3 ₶ 18 ß pour chaque sol; & lorsque les Cidre & Poiré sont aussi vendus plus de 6 ß la Pinte, les Droits sont augmentés à raison de 6 ß par chaque denier, Réglemens ci-dessus cités.

Il est encore à observer que les Droits de Jauge & Courtage au Détail, ne se perçoivent dans aucun des lieux où ils sont payés à l'Entrée.

DROITS DUS A LA VENTE EN DÉTAIL DES BOISSONS, DANS LA VILLE DE MORTAGNE, par Muid de 144 Pots.

NATURE DES DROITS, ET RÉGLEMENS QUI LES AUTORISENT.	Eau-de-vie, à 5 livres le Pot.	VIN, à 1 sol la Pinte.	CIDRE, à 6 deniers la Pinte.	POIRÉ, à 6 deniers la Pinte.	BIERE, à 12 sols le Pot.
	tt ß ꝗ	tt ß ꝗ	tt ß ꝗ	tt ß ꝗ	tt ß ꝗ
Subvention à la Consommation, dont les autorités font relatées au Tableau précédent..........	5. 8. ».	1. 7. ».	».13. 6.	». 6. 9.	».13. 6.
Première moitié d'Octroi, Ordonnance de 1681, titre 3, article 1er..........	». ». ».	7. 4. ».	1.16. ».	». ». ».	». ». ».
TOTAL..........	5. 8. ».	8.11. ».	2. 9. 6.	». 6. 9.	».13. 6.
Édit d'Août 1781, Dix Sols pour livre....	2.14. ».	4. 5. 6.	1. 4. 5.	». 4. 4½.	». 6. 9.
TOTAL..........	8. 2. ».	12.16. 6.	3.14. 5.	». 10. 1½.	1. ». 3.
Rapport des Droits de Quatrieme & Huit Sols pour livre, détaillés au Tableau précédent..........	201.12. ».	5. 9. 2⅓.	2.13. 2⅓.	2.13. 2⅓.	40.13. 9.
TOTAL GÉNÉRAL.......	209.14. ».	18. 5. 8½.	6. 7. 5½.	3. 3. 3 7/12.	41.14. ».

DROITS DUS A LA VENTE EN DÉTAIL DES BOISSONS, DANS LA VILLE DE BELLÊME, par Muid de 144 Pots.

NATURE DES DROITS, ET RÉGLEMENS QUI LES AUTORISENT.	Eau-de-vie, à 5 livres le Pot.	VIN, à 1 sol la Pinte.	CIDRE, à 6 deniers la Pinte.	POIRÉ, à 6 deniers la Pinte.	BIERE, à 12 sols le Pot.
	tt ß ꝗ	tt ß ꝗ	tt ß ꝗ	tt ß ꝗ	tt ß ꝗ
Subvention à la Consommation, dont les autorités font mentionnées au premier Tableau des Droits de Détail..........	5. 8. ».	1. 7. ».	».13. 6.	». 6. 9.	».13. 6.
Première moitié d'Octroi, Ordonnance de 1681, titre 3, article 1er..........	». ». ».	3.12. ».	». ». ».	». ». ».	». ». ».
TOTAL..........	5. 8. ».	4.19. ».	».13. 6.	». 6. 9.	».13. 6.
Édit d'Août 1781, Dix Sols pour livre....	2.14. ».	2. 9. 6.	». 6. 9.	». 3. 4½.	». 6. 9.
Rapport des Droits de Quatrieme & Huit Sols pour livre, détaillés au premier Tableau des Droits de Détail, ci-devant....	201.12. ».	5. 9. 2⅓.	1.13. 2⅓.	2.13. 2⅓.	40.13. 9.
TOTAL GÉNÉRAL.....	209.14. ».	12.17. 8⅔.	3.13. 5½.	3. 3. 3 7/12.	41.14. ».

DROITS DE HUITIEME, dûs sur les Boissons vendues en Détail, dans la partie des Départemens de la Banlieue de Nogent, de Bellême, & du Département de Longny, sises dans le Ressort de la Cour des Aides de Paris, par Muid de 144 Pots.

NATURE des Droits, & Reglemens qui les autorisent.	Vin de liqueur, à pot, ou à assiette.	Boissons à Pot.			Boissons à Assiette.			Boissons à Pot ou à Assiette.	
		Vin ordinaire.	Cidre.	Poiré.	Vin ordinaire.	Cidre.	Poiré.	Bierre.	Eau-de-vie.
	₶ ß ₰	₶ ß ₰	₶ ß ₰	₶ ß ₰	₶ ß ₰	₶ ß ₰	₶ ß ₰	₶ ß ₰	₶ ß ₰
Huitieme Réglé, & Subvention, Ordon. de Paris, de 1680, titre premier, art. prem. pour le Vin ordinaire, Cidre & Poiré, Tarif du Mai 1688, pour le Vin de liqueur, art. 8 du titre 9 de l'Ordonnance ci-dessus citée, pour la Biere, Arrêt du Conseil, du 18 Octobre 1686, & Tarif du 4 Mai 1688, pour l'Eau-de-vie....	20. 3. 9.	6.15. »	3. 7. 6.	1.13. 9.	8. 2. »	4. 1. »	2. ». 6.	3.10. »	24. ». ».
Décl. du Roi, du 10 Oct. 1689, Jauge-Courtage...	».15.»	».15.»	». 9. ».	». 9. ».	».15.»	». 9. ».	». 9. ».	». 9. ».	2. 5. »
TOTAL.	20.18.9.	7.10.»	3.16. 6.	2. 2. 9.	8.17. »	4.10. »	2. 9. 6.	3.19. ».	26. 5. »
Édit d'Août 1721, Dix Sols p' liv.	10. 9.4½	3.15.»	1.18. 3.	1. 1. 4½	4. 8. 6.	2. 5. »	1. 4. 9.	1.19. 6.	13. 2. 6.
TOTAL GÉNᵉˡ.	31. 8.1½	11. 5.»	5.14. 9.	3. 4. 1½	13. 5. 6.	6.15. »	3.14. 3.	5.18. 6.	39. 7. 6.

Les Droits de Détail, expliqués dans les Tableaux précédens, sont également dûs sur les Boissons arrivant & transportées en bouteilles, ou autres vaisseaux, au dessous de soixante-douze pintes, mesure de Paris, Lettres Patentes du 15 Mai 1728, aux exceptions y portées, & qui tombent sur le Vin de Liqueur venant en Caisses, les Vins de Champagne gris, arrivant en paniers de cent Bouteilles, en destination pour la Province; les Vins en paniers de 50 Bouteilles, en destination pour l'Étranger, & les Vins en Bouteilles, pour la provision des Personnes qui vont aux Eaux de Forges, & de celles qualifiées, qui vont passer quelque tems dans leurs Terres; le tout en se conformant aux formalités prescrites par lesdites Lettres Patentes.

Les Eaux-de-vie transportées en Barils au-dessous de soixante Pintes, sont aussi assujetties aux Droits de Détail, Lettres Patentes du 24 Août 1728. Ces Droits sont encore dûs par les Bouilleurs & Marchands d'Eau-de-vie en gros, sur les manquans à leur charge, déduction faite du 21e pour 20, Lettres Patentes citées ci-dessus; & les Soumissionnaires d'Eau-de-vie sont assujettis au paiement du double desdits Droits de Quatrieme, si c'est en Pays de Quatrieme, & du quadruple des Droits de Huitieme, si c'est en Pays de Huitieme, sur les Eaux-de-vie pour lesquelles ils ne rapportent pas, dans les trois mois, Certificat d'arrivée; Lettres Patentes des 7 Juin 1727, & 2 Mars 1728.

DROIT ANNUEL.

		# ß δ	# ß δ
Dans les Villes......	{ Ordonnance de 1680, titre 29, art. 1ᵉʳ....... 8. ». ».	} 12. ». ».
	{ Edit d'Août 1781, Dix Sols pour livre..... 4. ». ».	
Dans les autres Lieux.	{ Ordonnance de 1680, titre 29, art. 1ᵉʳ....... 6. 10. ».	} 9. 15. ».
	{ Edit d'Août 1781, Dix Sols pour livre..... 3. 5. ».	

Ce Droit est dû par tous les Marchands en gros, Bouilleurs, Brasseurs, Cabaretiers, Taverniers & autres vendans en détail.

Les Détailleurs de Biere ne doivent que la moitié de l'Annuel, Ordonnance de 1680, titre 29, art. 7.

DROITS SUR LES BESTIAUX, A L'ENTRÉE ET AU MASSACRE.
VILLES DE MORTAGNE ET NOGENT LE ROTROU.

NATURE DES DROITS, ET RÉGLEMENS QUI LES AUTORISENT.	Bœuf, ou Vache.	Veau, ou Genisse.	Mouton, Brebis, ou Chevre.	Porc.	Livre de Viande.
	# ß δ	# ß δ	# ß δ	# ß δ	# ß δ
Édit de Février 1704, Inspecteurs...............	2. ». ».	».12. ».	». 4. ».	». ». ».	». ». 2.
Edit d'Août 1781, Dix Sols pour livre...........	1. ». ».	». 6. ».	». 2. ».	». ». ».	». ». 1.
TOTAL................	3. ». ».	».18. ».	». 6. ».	». ». ».	». ». 3.
Decl. du Roi, du 3 Janv. 1759, Droits Réservés.....	2. ». ».	».13. 4.	». 5. ».	».13. 4.	à proport.
Edit d'Août 1781, Dix Sols pour livre, modérés à Six Sols, par Décision du 29 dudit mois...........	».12. ».	». 4. ».	». 1. 6.	». 4. ».	*Idem.*
TOTAL GÉNÉRAL........	5.12. ».	1.15. 4.	».12. 6.	».17. 4.	

Nᵃ. Il est dû en outre à Nogent, une premiere moitié d'Octroi, sur les Bestiaux vendus au Marché.

VILLE DE BELLÉME, ET BOURGS D'ESSEY ET RÉMALARD.

NATURE DES DROITS, ET RÉGLEMENS QUI LES AUTORISENT.	Bœuf ou Vache.	Veau ou Genisse.	Mouton, Brebis ou Chevre.	Porc.	Livre de Viande.
	# ß δ	# ß δ	# ß δ	# ß δ	# ß δ
Edit de Février 1704, Inspecteurs...............	2. ». ».	».12. ».	». 4. ».	». ». ».	». ». 2.
Edit d'Août 1781, Dix Sols pour livre...........	1. ». ».	». 6. ».	». 2. ».	». ». ».	». ». 1.
TOTAL..............	3. ». ».	».18. ».	». 6. ».	». ». ».	». ». 3.
Déclaration du Roi, du 3 Janvier 1759, Droits Réservés.............	1.10. ».	».10. ».	». 3. 6.	».10. ».	à proport.
Edit d'Août 1781, Dix Sols pour livre, modérés à Six fols, par Décision du 29 dudit mois.......	». 9. ».	». 3. ».	». 1. 1½.	». 3. ».	*Idem.*
TOTAL GÉNÉRAL........	4.19. ».	1.11. ».	».10. 7½.	».13. ».	

NATURE DES DROITS, ET RÉGLEMENS QUI LES AUTORISENT.	Bœuf ou Vache.	Veau ou Geniffe.	Mouton, Brebis, ou Chevre.	Porc.	Livre de Viande.
	₶ ß d	₶ ß d	₶ ß d	₶ ß d	₶ ß d
Edit de Février 1704, Infpecteurs..............	2. ». ».	». 12. ».	». 4. ».	». ». ».	». ». 2.
Edit d'Août 1781, Dix Sols pour livre...........	1. ». ».	». 6. ».	». 2. ».	». ». ».	». ». 1.
TOTAL........	3. ». ».	». 18. ».	». 6. ».	». ». ».	». ». 3.
Déclaration du 3 Janvier 1759, Droits Réfervés..	1. ». ».	». 6. 8.	». 3. ».	». 6. 8.	à proport.
Edit d'Août 1781, Dix Sols pour livre, modérés à Six Sols, par Décifion du 29 dudit mois......	». 6. ».	». 2. ».	». ». 10$\frac{4}{7}$.	». 1. ».	Idem.
TOTAL GÉNÉRAL......	4. 6. ».	1. 6. 8.	». 9. 10$\frac{4}{7}$.	». 8. 8.	

Nª. Il eſt dû en outre à Moulins, une premiere moitié d'Octroi, fur les Beſtiaux vendus au Marché.

DROITS DUS SUR LES BESTIAUX, DANS LES BOURGS DE BONMOULINS, BRÉTONCELLES, S. LOMER, Ste-SCHOLASSE, TOUROUVRE & VILLERAY, à l'Entrée & au Maſſacre dans les Campagnes, par les Bouchers, Maîtres & fils de Maîtres, avant l'Abattis, & par tous les autres Bouchers, à la vente hors domicile.

NATURE DES DROITS, ET RÉGLEMENS QUI LES AUTORISENT.	Bœuf ou Vache.	Veau ou Geniffe.	Mouton, Brebis ou Chevre.	Livre de Viande.
	₶ ß d	₶ ß d	₶ ß d	₶ ß d
Edit de Février 1704, Infpecteurs..................	2. ». ».	». 12. ».	». 4. ».	». ». 2.
Edit d'Août 1781, Dix Sols pour livre.................	1. ». ».	». 6. ».	». 2. ».	». ». 1.
TOTAL..................	3. ». ».	». 18. ».	». 6. ».	». ». 3.

RÉGLEMENS.	OBJETS SUJETS AUX DROITS.	Principal.	Dix Sols pour livre.	TOTAL.
		₶ ß §	₶ ß §	₶ ß §
	BESTIAUX.			
	Par chaque Bœuf gras, vendu au Marché..........	». 7. 6.	». 3. 9.	».11. 3.
	Par chaque Bœuf maigre...................	». 5. ».	». 2. 6.	». 7. 6.
	Par chaque Taureau de 2 ou 3 ans...........	». 2. 6.	». 1. 3.	». 3. 9.
	Par chaque Vache grasse, maigre ou à lait...........	». 2. ».	». 1. ».	». 3. ».
	Par chaque Genisse de 2 ans...............	». 1. ».	». ». 6.	». 1. 6.
	Par chaque Genisse, Taureau d'un an, & Veau de lait.	». ». 6.	». ». 3.	». ». 9.
	Par chaque Porc ou Truie, gras ou maigre...........	». 1. 6.	». ». 9.	». 2. 3.
	Par chaque Noctureau, excepté les Cochons de lait..	». ». 6.	». ». 3.	». ». 9.
	Par chaque Mouton, Brebis & Agneau...........	». ». 9.	». ». 4½.	». 1. 1½.
	Par chaque Cheval, Cavalle, Mule ou Mulet.......	». 5. ».	». 2. 6.	». 7. 6.
	DENRÉES.			
	Par chaque charge de Cheval, de Volaille, Chevreau, Beurre, Fromages, Œufs ou Gibier...............	». 4. ».	». 2. ».	». 6. ».
	Par chaque charge de Cheval, de Prunes cuites......	». 2. 6.	». 1. 3.	». 3. 9.
	Par chaque poinçon desdites Prunes...............	». 5. ».	». 2. 6.	». 7. 6.
	MARCHANDISES.			
	Par chaque charretée de Fer, sortant, & non au dessous.	».10. ».	». 5. ».	».15. ».
	CUIRS.			
	Par chaque Cuir fort, tanné.................	». 2. ».	». 1. ».	». 3. ».
Édit de Décemb.	Par chaque Vache, tannée.................	». 1. ».	». ». 6.	». 1. 6.
1664, Ordonn. de	Par chaque douzaine de Cordouan, & à proportion.	». 4. ».	». 2. ».	». 6. ».
1581, titre 3, art.	Par chaque douzaine de Veaux tannés, idem...........	». 1. ».	». ». 6.	». 1. 6.
1er, & Arrêt au	Par chaque douzaine de Maroquins, idem.............	». 6. ».	». 3. ».	». 9. ».
Conseil du 18 Mars	Par chaque douz. de Moutons, Agneaux, Chevreaux, &.	». 1. ».	». ». 6.	». 1. 6.
1648 pour le prin-	*ÉTOFFES.*			
cipal.	Par chaque pièce de Drap de 10 aunes, & à proportion.	». 5. ».	». 2. 6.	». 7. 6.
Édit d'Août 1781,	Par chaque pièce de Serge de 20 aun. & à proportion, tant d'Étamines, Trémieres & Estames...........	». 1. ».	». ». 6.	». 1. 6.
pour les Dix Sols	*TOILES.*			
pour livre.	Par chaque pièce de Toile de brin, de 50 aunes, & à proportion.................	». 1. 6.	». ». 9.	». 2. 3.
	Par chaque pièce de Toile commune, de 50 aunes, id.	». 1. 3.	». ». 7½.	». 1.10½.
	Par chaque pièce de 50 aunes de Canevas, idem......	». ». 9.	». ». 4½.	». 1. 1½.
	Par chaque pièce de Toile de Lin, de 50 aunes, idem.	». 2. 6.	». 1. 3.	». 3. 9.
	CHAPEAUX.			
	Par chaq. douzain. de Chapeaux qui seront transportés.	». 2. 6.	». 1. 3.	». 3. 9.
	HUILES.			
	Par chaque Baril d'Huile, entrant...............	». 1. ».	». ». 6.	». 1. 6.
	POISSON.			
	Par chaque Baril de Molues & Harengs...........	». 2. ».	». 1. ».	». 3. ».
	LAINES.			
	Par chaque millier de Laine, & à proportion.......	».15. ».	». 7. 6.	1. 2. 6.
	Par chaque millier d'Annelin ou Agneau.......	». 7. 6.	». 3. 9.	».11. 3.
	POTERIE DE TERRE OU DE FONTE.			
	Par chaque charge de Cheval, de Poterie de Terre...	». ». 6.	». ». 3.	». ». 9.
	Idem, de Fonte en Pots & en Chaudrons...........	». 2. 6.	». 1. 3.	». 3. 9.
	CHANVRE.			
	Par chaque millier de Chanvre, & à proportion......	».10.».	». 5. ».	».15. ».

RÉGLEMENS.	OBJETS SUJETS AUX DROITS.	Principal	Dix Sols pour livre.	TOTAL.
	BESTIAUX VENDUS AUX MARCHÉ.	# ß g	# ß g	# ß g
	Par chaque Cheval ou Jument............	». 5. ».	». 2. 6.	». 7. 6.
	Par chaque Bœuf......................	». 4. ».	». 2. ».	». 6. ».
	Par chaque Vache.....................	». 3. ».	». 1. 6.	». 4. 6.
	Par chaque gros Veau & Genisse........	». 2. ».	». 1. ».	». 3. ».
Edit de Décemb. 1663, Ordonn. de 1681, titre 3, art. 1er, & Arrêt du Conseil du 19 Mars 1653, pour le principal. Edit d'Août 1781, pour les Dix Sols pour livre.	Par chaque Porc......................	». 1. 6.	». ». 9.	». 2. 3.
	Par chaque Agneau....................	». ». 3.	». ». 1½.	». ». 4½.
	Par chaque Mouton, Brebis & Chevre....	». ». 6.	». ». 3.	». ». 9.
	DENRÉES A L'ENTRÉE.			
	Par chaque charge de Cheval, de Poulailles, Fil, Laine, Harengs, Morue & Beurre......	». 2. ».	». 1. ».	». 3. ».
	Par chaque charge à col d'Homme, de Fil, Laine & Filasse...................	». ». 6.	». ». 3.	». ». 9.
	Par chaque étalier de toutes sortes de Marchandises pour chacun jour de Marché.........	». ». 6.	». ». 3.	». ». 9.
	BESTIAUX Massacrés & vendus en Détail.			
	Par chaque Aumaille qui sera massacré & vendu en Détail...............	». 5. ».	». 2. 6.	». 7. 6.
	Par chaque Veau......................	». ». 9.	». ». 4½.	». 1. 1½.
	Par chaque Agneau....................	». ». 6.	». ». 3.	». ». 9.
	Par chaque Porc......................	». 1. 6.	». ». 9.	». 2. 3.

DROITS RÉSERVÉS SUR LES BOIS ET FOINS, DANS LES VILLES DE MORTAGNE ET NOGENT.

NATURE DES DROITS, ET RÉGLEMENS QUI LES AUTORISENT.	Voiture à trois Chevaux.	Voiture à deux Chevaux.	Voiture à un Cheval.	Somme de Cheval.	Somme d'Ane.
	# ß g	# ß g	# ß g	# ß g	# ß g
Déclaration du Roi, du 3 Janvier 1759, & Arrêt du Conseil du 13 Septembre 1776..............	».10. ».	». 7. 6.	». 5. ».	». 1. ».	». ». 6.
Edit d'Août 1781, Dix Sols pour livre, modérés à Six Sols, par Décision du 19 du même mois...	». 3. ».	». 2. 3.	». 1. 6.	». ». 3¾.	». ». 1¾.
TOTAL.........	».13. ».	». 9. 9.	». 6. 6.	». 1. 3¾.	». ». 7¾.

Au dessus de trois Chevaux, chaque Cheval augmente le Droit à proportion, & il n'y a de Bois exempts, que ceux désignés dans les Lettres Patentes du 4 Août 1778, qui sont les Bourrées & Fagots sans paremens, d'Epines, Ronces, Puines, &c.

DROITS DE PREMIÈRE MOITIÉ D'OCTROI, DUS SUR LES BOIS ET FOINS, DANS LA VILLE DE NOGENT.

Réglemens.	Objets sujets aux droits.	Principal.			Dix Sols pour livre.			Total.		
		₶	ß	d	₶	ß	d	₶	ß	d
Lett. pat. du 2 août 1777. Edit de Déc. 1665, & Ordonn. de 1681, titre 3, art. premier, pour le principal. Edit d'Août 1781, pour les Dix Sols pour livre.	Par Corde de Bois & Cent de Fagots.....	».	7.	».	».	3.	6.	».	10.	6.
	Par charretée de Bois Mérain.....	».	4.	».	».	2.	».	».	6.	».
	Par chaque charge de Cheval, de Bois Mérain.....	».	».	9.	».	».	4½.	».	1.	1½.
	Par millier de Lattes de Chasnier, & à proportion....	».	1.	».	».	».	6.	».	1.	6.
	Par chaque charretée de Foin entrante.........	».	2.	6.	».	1.	3.	».	3.	9.

DROITS DUS SUR LES TOILES, À L'ENTRÉE, À LA FABRICATION ET À LA VENTE, DANS LA VILLE DE MORTAGNE.

Nature des droits, et Réglemens qui les autorisent.	Par pièce de toile.		
	₶	ß	d
Lettres Patentes du 2 Août 1777, Octrois Municipaux.........	».	8.	».
Ordonnance de 1681, titre 3, art. 1er, Première moitié d'Octroi....	».	1.	».
TOTAL.............	».	9.	».
Edit d'Août 1781, Dix Sols pour livre............	».	4.	6.
TOTAL GÉNÉRAL..........	».	13.	6.

DROITS DE LA MARQUE DES FERS, dûs sur toutes les Fontes coulées dans les Fourneaux dépendans de la Direction de Mortagne, & qui sont situés hors le ressort de la Cour des Aides de Normandie.

Réglemens.	Objets sujets aux droits.	Principal.			Dix Sols pour livre.			Total.		
		₶	ß	d	₶	ß	d	₶	ß	d
Ordonn. de Paris, de 1680, titre du Droit de la Marque des Fers, art. prem. & Arrêts du Conseil des 2 Avril 1701 & 16 Sept. 1727. Edit d'Août 1781, Dix Sols pour livre.	Mine à la sortie du Perche, pour entrer en Normandie, lorsqu'elle est lavée & préparée, par cent pesant....	».	3.	4.	».	1.	8.	».	5.	».
	Mine non-lavée, brute & terrée, idem.............	».	1.	8.	».	».	10.	».	2.	6.
	Fonte en gueuse, idem............	».	8.	9.	».	4.	4½.	».	13.	1½.
	Fer en barre & autrement, idem........	».	13.	6.	».	6.	9.	1.	».	3.
	Acier de toute nature, idem...........	1.	».	».	».	10.	».	1.	10.	».
	Quincaillerie, grosse & menue, idem.............	».	18.	».	».	9.	».	1.	7.	».

DROITS SUR LES HUILES, A LA FABRICATION.

RÉGLEMENS.	NATURE DES HUILES.	Principaux.			Dix Sols pour livre.			TOTAL.		
		tt	ß	g	tt	ß	g	tt	ß	g
Déclaration du Roi, du 21 Mars 1710, Édit du mois d'Août 1781, pour le Doublement des Droits & les Dix Sols pour livre.	Par livre pesant d'Huile de Poisson, d'Olives, d'Amendes, de Noix & autres Fruits.........	».	1.	».	».	».	6.	».	1.	6.
	Par livre d'Huile de Térébenthine, Lin, Chenevis, Rabette, Navette & autres Graines.........	».	».	6.	».	».	3.	».	».	9.
	Par livre d'Huile d'Essence, & autres de plus grande valeur que celles sujettes au Droit d'un Sol.........	».	2.	».	».	1.	».	».	3.	».
	Si le Droit principal est de plus de 3 tt, il est dû pour l'acquit.........	».	5.	».	».	2.	6.	».	7.	6.
	S'il n'est que de 3 tt, ou d'une moindre somme, jusqu'à vingt sols inclusivement, le Droit d'Acquit est de.........	».	2.	».	».	1.	».	».	3.	».

Nota. Le Droit d'Acquit n'a pas lieu, lorsque le Droit principal est au dessous de Vingt Sols.

DROITS SUR LES CUIRS ET PEAUX,

Établis par Edit du mois d'Août 1759, Arrêts du Conseil des 28 Juin & 13 Novembre 1760, sujets aux Dix Sols pour livre de l'Edit d'Août 1781.

OBJETS SUJETS AUX DROITS.	CUIRS ET PEAUX, à la Fabrication.			CUIRS ET PEAUX, à l'Exportation.			CUIRS & Peaux, à l'Importation.
	Principal.	Dix Sols pour livre.	TOTAL.	Principal.	Dix Sols pour livre.	TOTAL.	
	tt ß g	tt ß g	tt ß g	tt ß g	tt ß g	tt ß g	
Cuirs de Bœufs & Vaches, à fort & à œuvre; Peaux de Veaux, Moutons, Agneaux, Chevreaux, Porcs & Sangliers, tannés & apprêtés en toutes sortes d'apprêts, la livre pesant.........	». 2. ».	». 1. ».	». 3. ».				10 p[our] c[ent] de leur valeur.
Chevaux, Mulets, & Asnes, id..	». 1. ».	». ». 6.	». 1. 6.				
Cerfs, Elans & Orignaux, id..	». 6. ».	». 3. ».	». 9. ».				
Boucs & Chevres, idem.........	». 4. ».	». 2. ».	». 6. ».				
Chamois, Dains & Chevreuils, idem.........	». 10. ».	». 5. ».	». 15. ».				
Toutes Peaux non dénommées ci-dessus, dix pour cent de leur valeur.........	Mémoire.						
Cuirs de Bœufs & Vaches, en verd, & en demi-apprêt, passant à l'Étranger, la piece.........				6. ». ».	3. ». ».	9. ». ».	
Peaux de Veaux, *idem*, la piece.........				1. ». ».	». 10. ».	1. 10. ».	
Peaux de Moutons, *idem*, la piece.........				». 10. ».	». 5. ».	». 15. ».	

Nota. Les Deux tiers du principal des Droits perçus sur les Cuirs apprêtés, sont rendus, lorsque lesdits Cuirs passent à l'Étranger, en remplissant les formalités prescrites par les Réglemens.

DROITS SUR LA MARQUE D'OR ET D'ARGENT.

RÉGLEMENS.	OBJETS sujets aux Droits.	PRINCIPAL	DIX SOLS pour livre.	TOTAL.
		tt ß g	tt ß g	tt ß g
Ordonnance de 1681, tit. 2, art. 1er, & Édit de Mai 1723, pour le Principal.	Or, par marc.........	33. 12. ».	16. 16. ».	50. 8. ».
Édit d'Août 1781, pour les Dix Sols pour livre.	Argent, par marc.....	2. 16. ».	1. 8. ».	4. 4. ».

DROITS SUR L'AMIDON.

NATURE DES DROITS, ET RÉGLEMENS QUI LES AUTORISENT.	AMIDON, à la Fabrication, par Muid.	AMIDON, Poudre à poudrer, venant de l'Étranger, par livre pesant.
	tt ß g	tt ß g
Édit de 1771, & Arrêt du Conseil du 10 Décembre 1778.......	7. 10. ».	». 4. ».
Édit d'Août 1781, Dix Sols pour livre.....................	3. 15. ».	». 2. ».
TOTAL.........	11. 5. ».	». 6. ».

OFFICES SUPPRIMÉS,
Édits de 1697 & 1768.

NOMS DES LIEUX.	NATURE DES OFFICES.	DROITS attribués à chaque Office.
	MESUREURS DE GRAINS.	tt ß g
MORTAGNE...	Par Boisseau de Bled, pesant 60 à 66 livres.................	». ». 6.
MAUVES	Par Boisseau de menus Grains	». ». 3.
MOULINS.....	Par Boisseau de Bled du même poids.....................	». 1. ».
	Par Boisseau de menus Grains.......................	». ». 6.

DROITS SUR LES QUITTANCES TIMBRÉES,
POUR LA RÉGIE ET POUR LES PARTIES ÉTRANGERES.

Ordon. de 1680, tit. 33, Déclarat. de 1690, Edit de 1748, Déclarat. de 1771, &   » » »
   Lettr. Pat. de 1780, art. 10. par Quittance de cinq sols, & au-dessus............ » » 10.
Edit d'Août 1781, Dix Sols pour livre.. » » 5.

                                 TOTAL............. » 1. 3.

Nota. Les frais de Timbre pour les Congés & Expéditions qui ne sont point des Quittances de Droits, sont dûs ; Ordonnance de 1681, titre commun, art. 16, Déclaration de 1771, & Lettres Patentes de 1780, article 10.

OBSERVATION GÉNÉRALE.

Les articles de Droits qui, payés séparément, ne forment pas une somme de 6 deniers, ne doivent pas de Sols pour livre.

DÉNOMINATION DES PARTIES ÉTRANGERES A LA RÉGIE,
dont les Dix Sols pour livre sont dus au Roi, sur le principal des Droits.

NOMS DES LIEUX.	DÉNOMINATION DES DROITS.
MORTAGNE.............	Deuxieme moitié d'Octroi.
NOGENT................	*Idem.*
BELLÊME...............	*Idem.*

De l'Imprimerie de L A M E S L E, Imprimeur des Fermes du Roi, au Bureau général des Aides, Hôtel de Bretonvilliers, Isle Saint Louis. 1781.

GÉNÉRALITÉ D'ALENÇON.

TARIF DES DROITS

DÉPENDANS

DE LA RÉGIE GÉNÉRALE,

DUS DANS LA DIRECTION

DE VERNEUIL.

DROITS SUR LES BOISSONS, A L'ENTRÉE ET AU BRASSAGE,
par Muid de 144 Pots.

VILLE DE VERNEUIL.

NATURE DES DROITS, ET RÉGLEMENS QUI LES AUTORISENT.	EAU-DE-VIE, & Liqueur.	VIN de Liqueur.	VIN ordinaire.	CIDRE.	POIRE.	BIÈRE.
	tt ß g	tt ß g	tt ß g	tt ß g	tt ß g	tt ß g
Ordonnance de 1680, titre 4, article 1er, Anciens & Nouveaux Cinq Sols………	». ». ».	».14.».	».14.».	». ». ».	». ». ».	». ». ».
Idem, titre 24, art. 1er, titre 26, art.3, titre 27, art. 6, Subvention……………	5. 8. ».	1. 7.».	1. 7.».	».13. 6.	». 6. 9.	».13. 6.
Déclarations du Roi, des 10 Octobre & 31 Déc. 1689, Jauge & Courtage……	1. 5. ».	».15.».	».15.».	». 9. ».	». 9. ».	». 9. ».
Edit d'Octobre & Arrêt du Conseil du 29 Déc. 1705, Inspecteurs…………	1. 10. ».	».10.».	».10.».	». 5. ».	». 2. 6.	». 5. ».
Ordonn. de 1681, titre 3, art. 1er, prem. moitié d'Octroi……………	». ». ».	2. ».».	1. ».».	». 3. 4.	». 3. 4.	». 3. 4.
Lettres Patentes du 2 Août 1777, Octrois Municipaux……………	». ». ».	1. 4.».	1. 4.».	». 6. 5¼.	». 3.10⅕.	». ». ».
T O T A L…………	9. 3. ».	6.10.».	6.10.».	1.17. 3¼.	1. 5. 5⅕.	1.10.10.
Edit d'Août 1781, Dix Sols pour livre..	4. 11. 6.	3. 5.».	3. 5.».	».18. 7½.	».12. 8⅖.	».15. 5.
Déclaration du Roi, du 3 Janvier 1759, Droits Réservés……………	14. 8. ».	6. ».».	1.10.».	».10. ».	». 5. ».	».10. ».
Edit d'Août 1781, Dix Sols p' tt, modérés à Six Sols, par Décision du 29 dudit mois.	4. 6. 4¼.	1.16.».	». 9.».	». 3. ».	». 1. 6.	». 3. ».
T O T A L G É N É R A L……	32. 8. 10¾.	17.11.».	11.14.».	3. 8.11½.	2. 4. 7¹³⁄₁₅.	2.19. 3.

A

VILLE DE L'AIGLE.

NATURE DES DROITS, ET RÉGLEMENS QUI LES AUTORISENT.	EAU-DE-VIE & Liqueur.	VIN de Liqueur.	VIN ordinaire.	CIDRE & BIÈRE.	POIRÉ.
	tt. ß. q.	tt. ß. q.	tt. ß. q.	tt. ß. q.	tt. ß. q.
Ordonnance de 1680, titre 4, article 1er, Anciens & Nouveaux Cinq Sols	». ». ».	».14. ».	».14. ».	». ». ».	». ». ».
Idem, tit. 24, art. 1er, tit. 16, art. 3, titre 27, art. 6, Subvention	5. 8. ».	1. 7. ».	1. 7. ».	».13. 6.	». 6. 9.
Déclarations des 10 Octobre & 31 Décembre 1689, Jauge & Courtage	2. 5. ».	».15. ».	».15. ».	». 9. ».	». 9. ».
Edit d'Octobre & Arrêt du Conseil du 29 Décemb. 1705, Inspecteurs	1.10. ».	».10. ».	».10. ».	». 5. ».	». 2. 6.
Lettres Patentes du 2 Août 1777, Octrois Munic.	2. ». ».	».13. 4.	».13. 4.	». 6. 8.	». 5. 4.
TOTAL	11. 5. ».	3.19. 4.	3.19. 4.	1.14. 2.	1. 1. 7.
Edit d'Août 1781, Dix Sols pour livre	5.11. 6.	1.19. 8.	1.19. 8.	».17. 1.	».10. 9½.
Déclaration du Roi, du 3 Janvier 1759, Droits Réservés	14. 8. ».	6. ». ».	1.10. ».	».10. ».	». 5. ».
Edit d'Août 1781, 10 ß pr tt, modérés à 6 ß, par Décision du 29 dudit mois	4. 6. 4½.	1.16. ».	». 9. ».	». 3. ».	». 1. 6.
TOTAL GÉNÉRAL	35. 8.10¾.	13.15. ».	7.18. ».	3. 4. 3.	1.18.10½.

VILLE DE CHÂTEAUNEUF-EN-THIMERAIS.

NATURE DES DROITS, ET RÉGLEMENS QUI LES AUTORISENT.	EAU-DE-VIE & Liqueur.	VIN de Liqueur.	VIN ordinaire.	CIDRE.	POIRÉ.	BIÈRE.
	tt. ß. q.	tt. ß. q.	tt. ß. q.	tt. ß. q.	tt. ß. q.	tt. ß. q.
Ordonnance de 1680, titre 4, article 1er, Anciens & Nouveaux Cinq Sols	». ». ».	».14. ».	».14. ».	». ». ».	». ». ».	». ». ».
Idem, titre 24, art. 1er, titre 26, art. 3, titre 27, art. 6, Subvention	5. 8. ».	1. 7. ».	1. 7. ».	».13. 6.	». 6. 9.	».13. 6.
Déclarations du Roi, des 10 Oct. & 31 Déc. 1689, Jauge & Courtage	2. 5. ».	».15. ».	».15. ».	». 9. ».	». 9. ».	». 9. ».
Edit d'Octobre & Arrêt du Conseil du 29 Décembre 1705, Inspecteurs	1.10. ».	».10. ».	».10. ».	». 5. ».	». 2. 6.	». 5. ».
Lettres Patentes du 2 Août 1777, Octrois Municipaux	». ». ».	2. 8. ».	2. 8. ».	». 9. 7½.	». 7. 8¾.	». ». ».
TOTAL	9. 3. ».	5.14. ».	5.14. ».	1.17. 1½.	1. 5.11¾.	1. 7. 6.
Edit d'Août 1781, Dix Sols pour livre	4.11. 6.	2.17. ».	2.17. ».	».18. 6.	».11.11¾.	».13. 9.
Déclaration du Roi, du 3 Janvier 1759, Droits Réservés	14. 8. ».	6. ». ».	1. 5. ».	».10. ».	». 5. ».	».10. ».
Edit d'Août 1781, 10 ß pr tt, modérés à 6 ß pr tt, par Décision du 29 dudit mois	4. 6. 4¾.	1.16. ».	». 7. 6.	». 3. ».	». 1. 6.	». 3. ».
TOTAL GÉNÉRAL	32. 8.10¾.	16. 7. ».	10. 3. 6.	3. 8. 7¾.	2. 5. 4¾.	2.14. 3.

BOURGS DE BREZOLLES, CHENNEBRUN, LA FERTÉ-VIDAME & SENONCHES.

NATURE DES DROITS, ET RÉGLEMENS QUI LES AUTORISENT.	EAU-DE-VIE & Liqueur.	VIN de liqueur.	VIN ordinaire.	CIDRE & BIÈRE.	POIRÉ.
	# ß d	# ß d	# ß d	# ß d	# ß d
Ordonnance de 1680, titre 4, art. 1ᵉʳ, Anciens & Nouveaux Cinq Sols....	». ». ».	».14. ».	».14. ».	». ». ».	». ». ».
Idem, titre 24, art. 1ᵉʳ, titre 16, art. 3, titre 27, art. 6, Subvention....	5. 8. ».	1. 7. ».	1. 7. ».	».13. 6.	». 6. 9.
Déclarations des 10 Oct. & 31 Décembre 1689, Jauge & Courtage....	2. 5. ».	».15. ».	».15. ».	». 9. ».	». 9. ».
Edit d'Octobre & Arrêt du Conseil, du 29 Décembre 1705, Inspecteurs....	1.10. ».	».10. ».	».10. ».	». 5. ».	». 2. 6.
TOTAL....	9. 3. ».	3. 6. ».	3. 6. ».	1. 7. 6.	».18. 3.
Edit d'Août 1781, Dix Sols pour livre....	4.11. 6.	1.13. ».	1.13. ».	».13. 9.	». 9. 1½.
Déclaration du 3 Janvier 1759, Droits Réservés..	14. 8. ».	6. ». ».	1. ». ».	».10. ».	». 5. ».
Edit d'Août 1781, Dix Sols pour livre, modérés à Six Sols, par Décision du 29 dudit mois....	4. 6. 4¾.	1.16. ».	». 6. ».	». 3. ».	». 1. 6.
TOTAL GÉNÉRAL....	32. 8.10¾.	12.15. ».	6. 5. ».	2.14. 3.	1.13.10½.

BOURGS DE BOURT, ET TILLIERES.

NATURE DES DROITS, ET RÉGLEMENS QUI LES AUTORISENT.	EAU-DE-VIE & Liqueur.	Vin de liqueur & ordinaire.	CIDRE & BIÈRE.	POIRÉ.
	# ß d	# ß d	# ß d	# ß d
Ordonnance de 1680, titre 4, article 1ᵉʳ, Anciens & Nouveaux Cinq Sols....	». ». ».	».14. ».	». ». ».	». ». ».
Idem, titre 24, art. 1ᵉʳ, titre 16, art. 3, titre 27, art. 6, Subvention....	5. 8. ».	1. 7. ».	».13. 6.	». 6. 9.
Déclarations du Roi, des 10 Oct. & 31 Déc. 1689, Jauge & Courtage....	2. 5. ».	».15. ».	». 9. ».	». 9. ».
Edit d'Octobre & Arrêt du Conseil, du 29 Décembre 1705, Inspecteurs....	1.10. ».	».10. ».	». 5. ».	». 2. 6.
TOTAL....	9. 3. ».	3. 6. ».	1. 7. 6.	».18. 3.
Edit d'Août 1781, Dix Sols pour livre....	4.11. 6.	1.13. ».	».13. 9.	». 9. 1½.
TOTAL GÉNÉRAL....	13.14. 6.	4.19. ».	2. 1. 3.	1. 7. 4½.

OBSERVATION GÉNÉRALE.

Les Nobles sont exempts, pour leur consommation seulement, sur les Boissons provenant de leur crû, & les Ecclésiastiques sur celles du crû de leurs Bénéfices ; les premiers, de la Subvention ; les seconds, de la Subvention, des Nouveaux Cinq Sols, de la Jauge-Courtage & des Droits Réservés, en se conformant aux formalités prescrites par les Réglemens.

DROIT DE 6ᵗᵗ 15ß SUR L'EAU-DE-VIE DE VIN,

par Muid de 144 Pots.

	ꞔ	ß	q
Ordonnance de 1680, titre 26, article premier....................	6.	15.	».
Edit d'Août 1781, Dix Sols pour livre............................	3.	7.	6.
TOTAL................	10.	2.	6.

Nᵒ. Le Droit de 6ᵗᵗ 15ß est dû sur l'Eau-de-vie de Vin, à l'Entrée des lieux sujets, & à l'Arrivée dans les lieux non sujets, lorsqu'il n'est pas justifié qu'il a été acquitté en route ou aux premiers Bureaux de passage, Edit de Décembre 1686, & Lettres Patentes du 28 Juin 1722.

L'Eau-de-vie rectifiée & l'Esprit-de-Vin sont assujettis, par la Déclaration du Roi, du 9 Décembre 1687, à payer, savoir, l'Eau-de-vie rectifiée, le double, l'Esprit - de - Vin, le triple des Droits de 6ᵗᵗ 15ß & de Subvention; & ces Liqueurs paient les autres Droits comme l'Eau-de-vie simple.

DROIT DE CONTRÔLE SUR LA BIERE,

par Muid de 144 Pots.

	ꞔ	ß	q
Ordonnance de 1680, titre 27, article premier....................	1.	10.	»
Edit d'Août 1781, Dix Sols pour livre............................	».	15.	».
TOTAL................	2.	5.	».

Nota. Le Droit de Contrôle sur la Biere, est dû dans les Brasseries, en tous les lieux où elle se façonne; Ordonnance citée ci-dessus.

DROITS A LA SORTIE DU ROYAUME,

par Muid de Vin, de 144 Pots.

NATURE DES DROITS, ET RÉGLEMENS QUI LES AUTORISENT.	VIN.		
	ꞔ	ß	q
Ordonnance de 1680, titre 4, article 16, Anciens & Nouveaux Cinq Sols	».	14.	».
Edit d'Août 1781, Dix Sols pour livre............................	».	7.	».
TOTAL............	1.	1.	».

Nota. Il se perçoit aussi à la sortie du Royaume, des Droits de Jauge & Courtage sur le Vin & l'Eau-de-vie, avec les Dix Sols pour livre; mais ils ont été réunis à la Ferme générale.

DROITS DE GROS.

Par l'Arrêt du Conseil, du 13 Mars 1755, les Vins destinés pour être consommés dans la Province de Normandie, étant exempts des Droits de Gros au passage, ces Droits sont dûs, lorsqu'ils s'enlevent de Normandie, pour aller à l'Etranger, ou dans une autre Province ; ils consistent dans le vingtieme du prix de la vente, l'augmentation de 16 ß 3 δ, le Droit de Courtage de 10 ß par Muid, & les Dix Sols pour livre de l'Edit d'Août 1781.

EXEMPLE, pour du Vin vendu 150 liv. le Muid de 144 Pots.

	# ß δ		# ß δ		# ß δ
Gros ou Vingtieme...	7. 10. ».		# ß δ		# ß δ
Augmentation...	». 16. 3.	}	8. 16. 3. ».	}	13. 4. 4 ½
Courtage..	». 10. ».				
Edit d'Août 1781, Dix Sols pour livre......................	4. 8. 1 ½.				

DROITS DUS A LA VENTE ET REVENTE DES BOISSONS,

SOUS LA DÉNOMINATION DE COURTIERS-JAUGEURS,

dans les Paroisses de la Direction, dépendantes de la Généralité d'Alençon.

BOISSONS.	RÉGLEMENS qui autorisent la perception DES DROITS.	1er ENLEVEMENT. Quotité des Droits.	TOTAL.	2e ENLEVEMENT. Quotité des Droits.	TOTAL.
		# ß δ	# ß δ	# ß δ	# ß δ
EAU-DE-VIE, par Baril de 28 à 29 Veltes...	Tarif de 1696, Courtiers-Jaugeurs.	».18. ».	} 1. 7. ».	».10. ».	} ».15. ».
	Edit d'Août 1781, Dix Sols p' liv.	». 9. ».		». 5. ».	
LIQUEUR, par Muid de 144 Pots.........	Tarif de 1696, Courtiers-Jaugeurs.	1.18. ».	} 2.17. ».	1.10. ».	} 2. 5. ».
	Edit d'Août 1781, Dix Sols p' liv.	».19. ».		».15. ».	
VIN, par Muid de 144 Pots ou demi-queue...	Tarif de 1696, Courtiers-Jaugeurs.	». 9. ».	} ».13. 6.	». 5. ».	} ». 7. 6.
	Edit d'Août 1781, Dix Sols p' liv.	». 4. 6.		». 2. 6.	
CIDRE, POIRÉ & BIERE, par Md de 144 Pots	Tarif de 1696, Courtiers-Jaugeurs.	». 4. 6.	} ». 6. 9.	». 2. 6.	} ». 3. 9.
	Edit d'Août 1781, Dix Sols p' liv.	». 2. 3.		». 1. 3.	

DROITS DUS À LA VENTE EN DÉTAIL DES BOISSONS, *par Muid de 144 Pots, dans toute l'étendue de la Direction, à l'exception des Villes de VERNEUIL, CHÂTEAUNEUF-EN-THIMERAIS, le Bourg de SENONCHES, & tous les Lieux situés dans l'étendue du ressort de la Cour des Aides de Paris.*

NATURE DES DROITS, ET RÉGLEMENS QUI LES AUTORISENT.	Eau-de-vie, à 3 livres le Pot.	VIN, à 1 sol la Pinte.	CIDRE, à 6 deniers la Pinte.	POIRÉ, à 6 deniers la Pinte.	BIÈRE, à 12 sols le Pot.
	# ß §	# ß §	# ß §	# ß §	# ß §
Le Quatrieme sur l'Eau-de-vie est le tiers du prix de la Vente, Edit de Décembre 1687	144. ». ».	». ». ».	». ». ».	». ». ».	». ». ».
Le 4.me sur les Vins, Cidre & Poiré, est réduit au 5.me, Ordonn. de 1680, titre 14, article premier & deuxieme	». ». ».	3.18. ».	1.18. ».	1.18. ».	». ». ».
Le Quatrieme sur la Biere est le quart du Prix de la Vente, Parisis, sol & six deniers, Ordonnance de 1680, titre 27, article 6.	». ». ».	». ». ».	». ». ».	». ». ».	29. 1.3.
Edit d'Août 1781, Dix Sols pour livre, modérés à Huit Sols, par Décision du 29 dudit mois	57.12. ».	1.11. 2½	».15. 2½	».15. 2½	11.11.6.
TOTAL	201.12. ».	5. 9. 2½	2.13. 2½	2.13. 2½	40.13.9.
Subvention à la Consommation, Ordonnance de 1680, titre 16, art. 3, pour l'Eau-de-vie, titre 23, art. 1.er & 2, pour les Vins, Cidre & Poiré, & titre 27, art. 6, pour la Biere.	5. 8. ».	1. 7. ».	».13. 6.	». 6. 9.	».13.6.
Déclaration du Roi, du 10 Octobre 1689, Jauge & Courtage	2. 5. ».	».15. ».	». 9. ».	». 9. ».	». 9.».
TOTAL	7.13. ».	2. 2. ».	1. 2. 6.	».15. 9.	1. 2.6.
Edit d'Août 1781, Dix Sols pour livre	3. 16. 6.	1. 1. ».	».11. 3.	». 7. 10½	».11. 3.
Total de la Subvention, Jauge & Courtage, & Dix Sols pour livre	11. 9. 6.	3. 3. ».	1.13. 9.	1. 3. 7½	1.13.9.
Rapport du 4.me & Huit Sols pour livre	201.12. ».	5. 9. 2½	2.13. 2½	2.13. 2½	40.13.9.
TOTAL GÉNÉRAL	213. 1. 6.	8.12. 2½	4. 6.11½	3.16. 9 7⁄12	41. 7.6.

N. Lorsque le Vin est vendu plus d'un sol la Pinte, les Droits de Quatrieme sont augmentés, à raison de 5.tt 18.ß pour chaque sol ; & lorsque les Cidre & Poiré sont aussi vendus plus de 6.d la Pinte, les Droits sont augmentés à raison de 6.ß par chaque denier, Réglemens ci-dessus cités.

Il est encore à observer que les Droits de Jauge & Courtage au Détail, ne se perçoivent dans aucun des lieux où ils sont payés à l'Entrée.

DROITS A LA VENTE EN DÉTAIL DES BOISSONS, DANS LA VILLE DE VERNEUIL, par Muid de 144 Pots.

NATURE DES DROITS, ET RÉGLEMENS QUI LES AUTORISENT.	Eau-de-vie, à 3 livres le Pot.	Vin, à 1 sol la Pinte.	Cidre, à 6 deniers la Pinte.	Poiré, à 6 deniers la Pinte.	Bière, à 12 sols le Pot.
	tt ß đ	tt ß đ	tt ß đ	tt ß đ	tt ß đ
Quatrieme dont les autorités sont relatées au Tableau précédent	144. ». ».	5. 18. ».	1. 18. ».	1. 18. ».	29. 1. 5.
Édit d'Août 1781, Dix Sols pour livre, modérés à Huit Sols, par Décision du 19 dudit mois	57. 12. ».	1. 11. 2½	». 15. 2½	». 15. 2½	11. 12. 6.
TOTAL	201. 12. ».	5. 9. 2½	2. 13. 2½	2. 13. 2½	40. 13. 9.
Subvention à la Consommation, mêmes autorités qu'au Tableau précédent	5. 8. ».	1. 7. ».	». 13. 6.	». 6. 9.	». 13. 6.
Ordonnance de 1681, titre 3, art. 1er, premiere moitié d'Octroi	». ». ».	». 11. ».	». 6. ».	». 6. ».	». ». ».
TOTAL	5. 8. ».	1. 19. ».	». 19. 6.	». 12. 9.	». 13. 6.
Édit d'Août 1781, Dix Sols pour livre	2. 14. ».	». 19. 6.	». 9. 9.	». 6. 4½	». 6. 9.
TOTAL	8. 2. ».	1. 18. 6.	1. 9. 5.	». 19. 1½	1. ». 3.
Rapport du Quatrieme & Huit Sols pour liv.	201. 12. ».	5. 9. 2½	2. 13. 2½	2. 13. 2½	40. 13. 9.
TOTAL GÉNÉRAL	209. 14. ».	8. 7. 8½	4. 2. 5½	3. 12. 3½	51. 14. ».

DROITS DUS A LA VENTE EN DÉTAIL DES BOISSONS, DANS LA VILLE DE CHATEAUNEUF-EN-THIMERAIS, par Muid de 144 Pots.

NATURE DES DROITS, ET RÉGLEMENS QUI LES AUTORISENT.	Eau-de-vie, à 3 livres le Pot.	Vin, à 1 sol la Pinte.	Cidre, à 6 deniers la Pinte.	Poiré, à 6 deniers la Pinte.	Bière, à 12 sols le Pot.
	tt ß đ	tt ß đ	tt ß đ	tt ß đ	tt ß đ
Quatrieme dont les autorités sont relatées au Tableau précédent	144. ». ».	5. 18. ».	1. 18. ».	1. 18. ».	29. 1. 5.
Édit d'Août 1781, Dix Sols pour livre, modérés à Huit Sols, par Décision du 19 dudit mois	57. 12. ».	1. 11. 2½	». 15. 2½	». 15. 2½	11. 12. 6.
TOTAL	201. 12. ».	5. 9. 2½	2. 13. 2½	2. 13. 2½	40. 11. 9.
Subvention à la Consommation, mêmes autorités qu'au Tableau précédent	5. 8. ».	1. 7. ».	». 13. 6.	». 6. 9.	». 13. 6.
Premiere moitié d'Octroi, le 16me du Prix de la Vente, Ordonnance de 1681, titre 3, article 1er	». ». ».	». 18. ».	». 9. ».	». 9. ».	». ». ».
TOTAL	5. 8. ».	2. 5. ».	1. 2. 6.	». 15. 9.	». 13. 6.
Édit d'Août 1781, Dix Sols pour livre	2. 14. ».	1. 2. 6.	». 11. 3.	». 7. 10½	». 6. 9.
TOTAL	8. 2. ».	3. 7. 6.	1. 13. 9.	1. 3. 7½	1. ». 3.
Rapport de Quatrieme & Huit Sols pour liv.	201. 12. ».	5. 9. 2½	2. 13. 2½	2. 13. 2½	40. 13. 9.
TOTAL GÉNÉRAL	209. 14. ».	8. 16. 8½	4. 6. 11½	5. 16. 9½	51. 14. ».

NATURE DES DROITS, ET RÉGLEMENS QUI LES AUTORISENT.	Eau-de-vie, à 4 livres le Pot.			Vin, à 1 sol la Pinte.			Cidre, à 6 deniers la Pinte.			Poiré, à 6 deniers la Pinte.			Bierre, à 12 sols le Pot.		
	₶	ß	d	₶	ß	d	₶	ß	d	₶	ß	d	₶	ß	d
Quatrieme dont les autorités sont relatées au Tableau précédent..........	144.	».	».	5.	18.	».	1.	18.	».	1.	18.	».	29.	1.	3.
Edit d'Août 1781, Dix Sols pour livre, modérés à Huit Sols, par Décision du 29 dudit mois..........	57.	12.	».	1.	11.	2½	».	15.	2¼	».	15.	2¼	11.	12.	6.
TOTAL..........	201.	12.	».	5.	9.	2¼	2.	13.	2¼	2.	13.	2¼	40.	13.	9.
Subvention à la Consommation, mêmes autorités qu'au Tableau précédent..........	5.	8.	».	1.	7.	».	».	13.	6.	».	6.	9.	».	13.	6.
Premiere moitié d'Octroi, Ordonnance de 1681, titre 3, article 1er..........	».	».	».	2.	».	».	».	6.	».	».	6.	».	».	».	».
TOTAL..........	5.	8.	».	3.	7.	».	».	19.	6.	».	12.	9.	».	13.	6.
Edit d'Août 1781, Dix Sols pour livre..........	2.	14.	».	1.	13.	6.	».	9.	9.	».	6.	4½	».	6.	9.
TOTAL..........	8.	2.	».	5.	».	6.	1.	9.	3.	».	19.	1½	1.	».	3.
Rapport du Quatrieme & Huit Sols pour liv.	201.	12.	».	5.	9.	2¼	2.	13.	2¼	2.	13.	1½	40.	13.	9.
TOTAL GÉNÉRAL..........	209.	14.	».	10.	9.	8¾	4.	2.	1½	3.	12.	3	41.	14.	».

NATURE des Droits, & Réglemens qui les autorisent.	VIN de liqueur, à pot, ou à affuetté.	BOISSONS A POT.			BOISSONS A ASSIETTE.			BOISSONS A POT, ou à Assiette.	
		VIN ordinaire.	CIDRE.	POIRÉ.	VIN ordinaire.	CIDRE.	POIRÉ.	BIERE.	EAU-DE-VIE.
	lt. ß. d.	lt. ß. d.	lt. ß. d.	lt. ß. d.	lt. ß. d.	lt. ß. d.	lt. ß. d.	lt. ß. d.	lt. ß. d.
Huisieme Régie, & Subvention, Ordon. de Prair. de 1680, titre premier, art. prem. pour le Vin ordinaire, Cidre & Poiré, Tarif du 4 Mai 1688, pour le Vin de liqueur, art. 8 du titre 4 de l'Ordonnance ci-dessus citée, pour la Biere; Arrêt du Conseil, du 28 Octobre 1686, & Tarif du 4 Mai 1688, pour l'Eau-de-vie...	20. 3.9.	6.15.».	3. 7. 6.	1.13. 9.	8. 2. ».	4. 1. ».	2. ». 6.	3.10. ».	24. ». ».
Décl. du Roi, du 10 Oct. 1689, Jauge-Comptage...	».15.».	».15.».	». 9. ».	». 9. ».	».15. ».	». 9. ».	». 9. ».	». 9. ».	2. 5. ».
TOTAL..	10.18.9.	7.10.».	3.16. 6.	2. 1. 9.	8.17. ».	4.10. ».	2. 9. 6.	3.19. ».	26. 5. ».
Édit d'Août 1781, Dix Sols p' liv.	10. 9.4½.	3.15.».	1.18. 3.	1. 1. 4½.	4. 8. 6.	2. 5. ».	1. 4. 9.	1.19. 6.	13. 2. 6
TOTAL génl.	31. 8.1½.	11. 5.».	5.14. 9.	3. 4. 1½.	13. 5. 6.	6.15. ».	4.14. 3.	5.18. 6.	39. 7. 6.

Les Droits de Détail, expliqués dans les Tableaux précédens, sont également dûs sur les Boissons arrivant & transportées en Bouteilles, ou autres vaisseaux, au dessous de soixante-douze Pintes, mesure de Paris, Lettres Patentes du 25 Mai 1728, aux exceptions y portées, & qui tombent sur le Vin de Liqueur venant en Caisses; les Vins de Champagne gris, arrivant en paniers de cent Bouteilles, en destination pour la Province; les Vins en paniers de 50 Bouteilles, en destination pour l'Etranger, & les Vins en Bouteilles, pour la provision des Personnes qui vont aux Eaux de Forges, & de celles qualifiées, qui vont passer quelque tems dans leurs Terres; le tout en se conformant aux formalités prescrites par lesdites Lettres Patentes.

Les Eaux-de-vie transportées en Barils au-dessous de soixante Pintes, sont aussi assujetties aux Droits de Détail, Lettres Patentes du 24 Août 1728. Ces Droits sont encore dûs par les Bouilleurs & Marchands d'Eau-de-vie en gros, sur les manquans à leur charge, déduction faite du 11e pour 20, Lettres Patentes citées ci-dessus; & les Soumissionnaires d'Eau-de-vie sont assujettis au paiement du double desdits Droits de Quatrieme, si c'est en Pays de Quatrieme, & du quadruple des Droits de Huitieme, si c'est en Pays de Huitieme, sur les Eaux-de-vie pour lesquelles ils ne rapportent pas, dans les trois mois, Certificat d'arrivée; Lettres Patentes des 7 Juin 1727, & 2 Mars 1728.

DROIT ANNUEL.

			tt ß q	tt ß q
Dans les Villes..... {	Ordonnance de 1680, titre 29, art. 1ᵉʳ........ 8. ». ». }			12. ». ».
	Edit d'Août 1781, Dix Sols pour livre..... 4. ». ». }			
Dans les autres Lieux. {	Ordonnance de 1680, titre 29, art. 1ᵉʳ........ 6. 10. ». }			9. 15. ».
	Edit d'Août 1781, Dix Sols pour livre..... 3. 5. ». }			

Ce Droit est dû par tous les Marchands en gros, Bouilleurs, Brasseurs, Cabaretiers, Taverniers & autres vendans en detail.

Les Détailleurs de Biere ne doivent que la moitié de l'Annuel, Ordonnance de 1680, titre 29, art. 7

DROITS SUR LES BESTIAUX, A L'Entrée et au Massacre.
Villes de Verneuil et l'Aigle.

NATURE DES DROITS, ET Réglemens qui les autorisent.	Bœuf, ou Vache.	Veau, ou Genisse.	Mouton, Brebis, ou Chevre.	Porc.	Livre de Viande.
	tt ß q	tt ß q	tt ß q	tt ß q	tt ß q
Édit de Février 1704, Inspecteurs..................	2. ». ».	».12. ».	». 4. ».	». ». ».	». ». 2.
Edit d'Août 1781, Dix Sols pour livre............	1. ». ».	». 6. ».	». 2. ».	». ». ».	». ». 1.
Total...............	3. ». ».	».18. ».	». 6. ».	». ». ».	». ». 3.
Decl. du Roi, du 3 Janv. 1759, Droits Réservés.....	2. ». ».	».13. 4.	». 5. ».	».13. 4.	à proport.
Edit d'Août 1781, Dix Sols pour livre, modérés à Six Sols, par Décision du 29 dudit mois.............	».12. ».	». 4. ».	». 1. 6.	». 4. ».	Idem.
TOTAL GÉNÉRAL........	5.12. ».	1.15. 4.	».11. 6.	».17. 4.	

BOURG DE CHATEAUNEUF.

NATURE DES DROITS, ET Réglemens qui les autorisent.	Bœuf ou Vache.	Veau ou Genisse.	Mouton, Brebis ou Chevre.	Porc.	Livre de Viande
	tt ß q	tt ß q	tt ß q	tt ß q	tt ß q
Edit de Février 1704, Inspecteurs.................	2. ». ».	».12. ».	». 4. ».	». ». ».	». ». 2.
Edit d'Août 1781, Dix Sols pour livre...........	1. ». ».	». 6. ».	». 2. ».	». ». ».	». ». 1.
Total.................	3. ». ».	».18. ».	». 6. ».	». ». ».	». ». 3.
Déclaration du Roi, du 3 Janvier 1759, Droits Réservés.........	1.10. ».	».10. ».	». 3. 6.	».10. ».	à proport.
Edit d'Août 1781, Dix Sols pour livre, modérés à Six sols, par Décision du 29 dudit mois......	». 9. ».	». 3. ».	». 1. »½	». 3. ».	Idem.
TOTAL GÉNÉRAL........	4.19. ».	1.11. ».	». 10. 6½	».13. ».	

BOURGS DE BREZOLLES, CHENNEBRUN, LA FERTÉ-VIDAME ET SENONCHES.

NATURE DES DROITS, ET RÉGLEMENS QUI LES AUTORISENT.	Bœuf ou Vache.			Veau ou Génisse.			Mouton, Brebis, ou Chevre.			Porc.*			Livre de Viande.		
	lt	ß	d	lt	ß	d	lt	ß	d	lt	ß	d	lt	ß	d
Edit de Février 1704, Inspecteurs............	2.	».	».	».	12.	».	».	4.	».	».	».	».	».	».	2.
Edit d'Août 1781, Dix Sols pour livre............	1.	».	».	».	6.	».	».	2.	».	».	».	».	».	».	1.
TOTAL....	3.	».	».	».	18.	».	».	6.	».	».	».	».	».	».	3.
Déclaration du 3 Janvier 1759, Droits Réservés..	1.	».	».	».	6.	8.	».	3.	».	».	6.	8.	à propor.		
Edit d'Août 1781, Dix Sols pour livre, modérés à Six Sols, par Décision du 19 dudit mois......	».	6.	».	».	1.	».	».	».	10½.	».	2.	».	Idem.		
TOTAL GÉNÉRAL......	4.	6.	».	1.	6.	8.	».	9.	10½.	».	8.	8.			

DROITS DUS SUR LES BESTIAUX, DANS LES BOURGS DE BOURT & TILLIERES, à l'Entrée & au Massacre ; dans les Campagnes, par les Bouchers, Maîtres & fils de Maîtres, avant l'Abattis, & par tous les autres Bouchers, à la vente hors domicile.

NATURE DES DROITS, ET RÉGLEMENS QUI LES AUTORISENT.	Bœuf ou Vache.			Veau ou Génisse.			Mouton, Brebis, ou Chevre.			Livre de Viande.		
	lt	ß	d	lt	ß	d	lt	ß	d	lt	ß	d
Edit de Février 1704, Inspecteurs............	2.	».	».	».	12.	».	».	4.	».	».	».	2.
Edit d'Août 1781, Dix Sols pour livre............	1.	».	».	».	6.	».	».	2.	».	».	».	1.
TOTAL............	3.	».	».	».	18.	».	».	6.	».	».	».	3.

DROITS RÉSERVÉS SUR LES BOIS ET FOINS, DANS LES VILLES DE VERNEUIL ET L'AIGLE.

NATURE DES DROITS, ET RÉGLEMENS QUI LES AUTORISENT.	Voiture à trois Chevaux.			Voiture à deux Chevaux.			Voiture à un Cheval.			Somme de Cheval.			Somme d'Asne.		
	lt	ß	d	lt	ß	d	lt	ß	d	lt	ß	d	lt	ß	d
Déclaration du Roi, du 3 Janvier 1759, & Arrêt du Conseil du 13 Septembre 1776............	».	10.	».	».	7.	6.	».	5.	».	».	1.	».	».	».	6.
Edit d'Août 1781, Dix Sols pour livre, modérés à Six Sols, par Décision du 19 du même mois..	».	3.	».	».	2.	3.	».	1.	6.	».	».	3½.	».	».	1½.
TOTAL............	».	13.	».	».	9.	9.	».	6.	6.	».	1.	3½.	».	».	7½.

Au dessus de trois Chevaux, chaque Cheval augmente le Droit à proportion, & il n'y a de Bois exempts, que ceux désignés dans les Lettres Patentes du 4 Août 1778, qui sont les Bourrées & Fagots sans paremens, d'Epines, Ronces, Puines, &c.

DROITS D'OCTROIS MUNICIPAUX SUR LES BOIS,
DANS LA VILLE DE VERNEUIL.

NATURE DES DROITS, ET RÉGLEMENS QUI LES AUTORISENT.	CORDE DE BOIS, ou charretée de Fagots.
	tt ß g
Lettres Patentes du 2 Août 1777, Octrois Municipaux……	». 5. 6.
Édit d'Août 1781, Dix Sols pour livre……	». 2. 9.
TOTAL……	». 8. 3.

DROITS DE PREMIERE MOITIÉ D'OCTROI,
dus sur les BESTIAUX vendus à la Foire de Saint-Cyr, qui se tient dans le Bourg de Senonches.

RÉGLEMENS.	BESTIAUX SUJETS AUX DROITS.	Principal.	Dix Sols pour livre.	Total.
		tt ß g	tt ß g	tt ß g
Édit de Déc. 1664, & Ordonn. de 1681, titre 3, art. premier, pour le principal. Édit d'Août 1781, pour les Dix Sols pour livre.	Chevaux vendus 100 livres & au-dessus……	1. ». ».	». 10. ».	1. 10. ».
	Chevaux vendus au dessous de 100 livres……	». 10. ».	». 5. ».	». 15. ».
	Bœuf, Taureau, ou Mulet……	». 10. ».	». 5. ».	». 15. ».
	Vache, ou Bourrique……	». 5. ».	». 2. 6.	». 7. 6.
	Veau, ou Porc……	». 2. 6.	». 1. 3.	». 3. 9.
	Mouton……	». ». 6.	». ». 3.	». ». 9.

DROITS DE PREMIERE MOITIÉ D'OCTROI,
DUS SUR LES BESTIAUX, DENRÉES ET MARCHANDISES vendus aux Marchés, dans la Ville de VERNEUIL.

NATURE DES DROITS, ET RÉGLEMENS QUI LES AUTORISENT.	Bœuf.	Vache.	Veau.	Mouton.	Charretée de Bois.	Pièce de Toile, Serge, ou Droguet.	Porc.
	tt ß g	tt ß g	tt ß g	tt ß g	tt ß g	tt ß g	tt ß g
Édit de Décembre 1664, & Ordonnance de 1681, titre 3, article premier……	». 5. ».	». 2. 6.	». 1. ».	». ». 3.	». 1. ».	». 1. ».	». 2. ».
Édit d'Août 1781, Dix Sols pour livre……	». 2. 6.	». 1. 3.	». ». 6.	». ». 1½.	». ». 6.	». ». 6.	». 1. ».
TOTAL……	». 7. 6.	». 3. 9.	». 1. 6.	». ». 4½.	». 1. 6.	». 1. 6.	». 3. ».

DROITS DE LA MARQUE DES FERS, dûs sur toutes les Fontes coulées dans les Fourneaux situés hors le ressort de la Cour des Aides de Normandie, & qui sont compris dans l'arrondissement de la Direction de VERNEUIL.

Réglemens.	Objets Sujets aux Droits.	Principal			Dix Sols pour livre.			Total.		
		₶	ß	𝑔	₶	ß	𝑔	₶	ß	𝑔
Ordonn. de Paris, de 1680, titre du Droit de la Marque des Fers, art. prem. & Arrêt du Conseil des 12 Avril 1701 & 16 Sept. 1727. Edit d'Août 1781, Dix Sols pour livre.	Mine à la sortie du Perche, pour entrer en Normandie, lorsqu'elle est lavée & préparée, par cent pesant.....	»	3	4	»	1	8	»	5	»
	Mine non-lavée, brute & terrée, idem.............	»	1	8	»	»	10	»	2	6
	Fonte en gueuse, idem.........................	»	8	9	»	4	4½	»	13	1½
	Fer en barre & autrement, idem.................	»	13	6	»	6	9	1	»	3
	Acier de toute nature, idem....................	1	»	»	»	10	»	1	10	»
	Quincaillerie grosse & menue, idem.............	»	18	»	»	9	»	1	7	»

DROITS SUR LES HUILES,

A LA FABRICATION.

Réglemens.	Nature des Huiles.	Principaux.			Dix Sols pour livre.			Total.		
		₶	ß	𝑔	₶	ß	𝑔	₶	ß	𝑔
Déclaration du Roi, du 21 Mars 1716, Edit du mois d'Août 1781, pour le Doublement des Droits & les Dix Sols pour livre.	Par livre pesant d'Huile de Poisson, d'Olives, d'Amendes, de Noix & autres Fruits...........	»	1	»	»	»	6	»	1	6
	Par livre d'Huile de Térébenthine, Lin, Chenevis, Rabette, Navette & autres Graines.........	»	»	6	»	»	3	»	»	9
	Par livre d'Huile d'Essence, & autres de plus grande valeur que celles sujettes au Droit d'un Sol.................................	»	2	»	»	1	»	»	3	»
	Si le Droit principal est de plus de 3 ₶, il est dû pour l'acquit.........................	»	5	»	»	2	6	»	7	6
	S'il n'est que de 3 ₶, ou d'une moindre somme, jusqu'à vingt sols inclusivement, le Droit d'Acquit est de..............	»	2	»	»	1	»	»	3	»

Nota. Le Droit d'Acquit n'a pas lieu, lorsque le Droit principal est au dessous de Vingt Sols.

DROITS SUR LES CUIRS ET PEAUX,

Établis par Édit du mois d'Août 1759, Arrêts du Conseil des 28 Juin & 13 Novembre 1760, sujets aux Dix Sols pour livre de l'Édit d'Août 1781.

OBJETS SUJETS AUX DROITS.	CUIRS ET PEAUX, à la Fabrication.			CUIRS ET PEAUX, à l'Exportation.			CUIRS & Peaux, à l'Importation.
	Principal.	Dix Sols pour livre.	TOTAL.	Principal.	Dix Sols pour livre.	TOTAL.	
	# ß ₰	# ß ₰	# ß ₰	# ß ₰	# ß ₰	# ß ₰	# ß ₰
Cuirs de Bœufs & Vaches, à fort & à œuvre; Peaux de Veaux, Moutons, Agneaux, Chevreaux, Porcs & Sangliers, tannés & apprêtés en toutes sortes d'apprêts, la livre pesant.	». 2. ».	». 1. ».	». 3. ».	....	....	....	10 p.ᶜ de leur valeur.
Chevaux, Mulets, & Ânes, *id.*	». 1. ».	». ». 6.	». 1. 6.	....	....	....	
Cerfs, Élans & Orignaux, *id.*	». 6. ».	». 3. ».	». 9. ».	....	....	....	
Boucs & Chèvres, *idem.*	». 4. ».	». 2. ».	». 6. ».	....	....	....	
Chamois, Dains & Chevreuils, *idem.*	». 10. ».	». 5. ».	». 15. ».	....	....	....	
Toutes Peaux non dénommées ci-dessus, dix pour cent de leur valeur.	*Mémoire.*	....	....	....	....	....	
Cuirs de Bœufs & Vaches, en vert, & en demi-apprêt, passant à l'Étranger, la pièce.	....	....	....	6. ». ».	3. ». ».	9. ». ».	
Peaux de Veaux, *idem*, la pièce.	....	....	....	1. ». ».	». 10. ».	1. 10. ».	
Peaux de Moutons, *idem*, la pièce.	....	....	....	». 10. ».	». 5. ».	». 15. ».	

Nᵃ. Les Deux tiers du principal des Droits perçus sur les Cuirs apprêtés, sont rendus, lorsque lesdits Cuirs passent à l'Étranger, en remplissant les formalités prescrites par les Réglemens.

DROITS SUR LA MARQUE D'OR ET D'ARGENT.

RÉGLEMENS.	OBJETS sujets aux Droits.	PRINCIPAL.	Dix Sols pour livre.	TOTAL.
		# ß ₰	# ß ₰	# ß ₰
Ordonnance de 1681, tit. 2, art. 1ᵉʳ, & Édit de Mai 1723, pour le Principal.	Or, par marc.	33. 12. ».	16. 16. ».	50. 8. ».
Édit d'Août 1781, pour les Dix Sols pour livre.	Argent, par marc.	2. 16. ».	1. 8. ».	4. 4. ».

DROITS SUR L'AMIDON.

NATURE DES DROITS, ET RÉGLEMENS QUI LES AUTORISENT.	AMIDON, à la Fabrication, par Muid.	AMIDON, Poudre à poudrer, venant de l'Étranger, par livre pesant.
	₶ ß d	₶ ß d
Edit de 1771, & Arrêt du Conseil du 10 Décembre 1778......	7. 10. ».	». 4. ».
Edit d'Août 1781, Dix Sols pour livre..........................	3. 15. ».	». 2. ».
TOTAL................	11. 5. ».	». 6. ».

DROITS SUR LES QUITTANCES TIMBRÉES,
POUR LA RÉGIE ET POUR LES PARTIES ÉTRANGERES.

	₶ ß d
Ordon. de 1680, tit. 33, Déclarat. de 1690, Edit de 1748, Déclarat. de 1771, & Lettr. Pat. de 1780, art. 10. par Quittance de cinq sols, & au-dessus.............	». ». 10.
Edit d'Août 1781, Dix Sols pour livre...................................	». ». 5.
TOTAL...............	». 1. 3.

Nota. Les frais de Timbre pour les Congés & Expéditions qui ne font point des Quittances de Droits, font dûs ; Ordonnance de 1681, titre commun, art. 16, Déclaration de 1771, & Lettres Patentes de 1780, article 10.

OBSERVATION GÉNÉRALE.

Les articles de Droits qui, payés féparément, ne forment pas une fomme de 6 deniers, ne doivent pas de Sols pour livre.

DÉNOMINATION DES PARTIES ÉTRANGERES A LA RÉGIE,
dont les Dix Sols pour livre font dûs au Roi, fur le principal des Droits.

NOMS DES LIEUX.	DÉNOMINATION DES DROITS.
VERNEUIL...............	Deuxieme moitié d'Octroi appartenant à la Ville.
CHÂTEAUNEUF..........	*Idem.*

De l'Imprimerie de LAMESLE, Imprimeur des Fermes du Roi, au Bureau général des Aides, Hôtel de Bretonvilliers, Ifle Saint Louis. 1781.